林业可持续发展战略理论与实践

袁尚勇　著

中国林业出版社

图书在版编目（CIP）数据

林业可持续发展战略理论与实践／袁尚勇著．——北京：中国林业出版社，2012.6

ISBN 978-7-5038-6671-5

Ⅰ．①林… Ⅱ．①袁… Ⅲ．①林业经济－可持续性发展－研究－中国 Ⅳ．①F326.23

中国版本图书馆CIP数据核字（2012）第152482号

出版　中国林业出版社（100009　北京市西城区德内大街刘海胡同7号）

E-mail：13901070021@163.com

电话　010-83283569

印刷　北京顺诚彩色印刷有限公司

发行　新华书店北京发行所

印次　2012年8月第1版第1次

开本　787mm×1092mm　1/16

印张　9.5

印数　5000

定价　88.00元

序

贵州黔东南袁尚勇先生要我为他的《林业可持续发展战略理论与实践》一书作序，我有些忐忑。原因有二：一则黔东南是一片神奇的土地，其资源禀赋，文化底蕴都极具特色，以往虽有两次走马观花之旅，但行色匆匆，未把其林业本真，亦未解其区域风情；二则林业可持续发展是一个既老又新的大题目，大专家有很多，由我作序确存不安。但也有两个原因使我接受了这一任务：一是两年前的一次偶然，我在网上看到一则关于黔东南旅游方面的信息，其中有一句话让我记忆犹新，即“黔东南是人类疲惫心灵栖息的最后家园”，于是勾起我到这个“家园”一探究竟的愿望；二是与袁尚勇先生一晤，感觉其人既有领导干部的干练，又有学者风范，特别是解读书稿后，其中对林业可持续发展理论和实践的结合、南方集体林区林业发展的比较，尤其是对黔东南州林业和可持续发展蓝图的勾画，都有独到的见解和清晰的发展思路，印象深刻。因此，带着学习交流的心情，提笔写成这样一段文字，权称“序”吧。

生态与环境是人类赖以生存和发展的基础。胡锦涛总书记指出，“良好的生态环境，是经济社会可持续发展的重要依托，也是中华民族生存和发展的根本基础”。长期以来，人类为了自身的生存，无休止地向大自然索取，使得生态环境日益遭到破坏，原本美丽的自然变得百孔千疮、目不忍睹。黔东南亦未能幸免，这片古老美丽的土地也曾经历了对自然掠夺，对生态破坏的年代。然而，黔东南黎平、锦屏、天柱、三穗、剑河等清水江一带民间在五百多年以前就已形成了“吃山养山”的林业原始可持续发展的良好习俗，加上得天独厚的自然条件，使这里生态环境自我痊愈速度较快。1999年国家实施天然林保护工程几年后，这里的生态状况就已跃居全国的前列了。袁尚勇先生在书里用一组组数据、一段段叙述，颇为详尽地介绍了黔东南的林业生态状况，为我们展现了一幅生机勃勃的林业生态图景。品读之后，我对黔东南为什么能成为“人类疲惫心灵栖息的最后

家园”有了新的认识，尽管如此，在生态问题、绿色增长日益成为全国乃至全球关注重点的今日，黔东南作为我国南方重点集体林区之一、长江流域和珠江流域的分水岭、两江上游的天然生态屏障，同时也作为经济欠发达地区，继续深入研究和探索林业可持续发展之路仍然显得十分重要。

林业生态如何可持续发展、走向何处？在《林业可持续发展战略理论与实践》中，袁尚勇先生从理论结合实际的视角，为我们诠释了林业可持续发展的内涵，提出了林业可持续发展四大战略，即：**资源培育优化战略、林业产业带动战略、生态保护与开发并举战略、森林资源资本化战略**，指出要坚持重点突出，把生态建设与资源培育放在首位；要坚持统筹兼顾，妥善处理生态建设与产业发展的关系；坚持深化集体林权制度改革，进一步解放和发展林业生产力；坚持人人参与，形成全社会办林业等实施方略。这些真知灼见虽然是围绕贵州黔东南林业可持续发展而提出来的，我想对于其他地区也会有“他山之石可以攻玉”之功效。

袁尚勇先生作为县里党政官员，能在千头万绪的行政事务中拨冗从事学问已着实不易，而他能选择“生态环境可持续发展”这个当今热点和难点问题来做深入研究就更是难能可贵。从《林业可持续发展战略理论与实践》中，我们可以感觉到他自强不息的奋斗精神和科学严谨的治学态度。

聊作几句，以此对袁尚勇先生及他为这部书稿付出的心血表达敬意！

刘东生

二〇一二年元月于北京

目录 CONTENTS

镇远古城（作者 摄）

天下第一苗寨——西江（作者 摄）

第一章 导 言

从全球的角度来看，现在，一方面经济在高速增长，另一方面生态环境在急剧恶化，如何处理经济发展与环境保护之间的关系已变得非常重要。1972 年，斯德哥尔摩第一次人类环境会议提出了环境问题以及环境与发展的相互关系问题。1987 年，挪威首相布伦特兰夫人领导的世界环境与发展委员会（WCED）在研究报告——《我们共同的未来》中，用“可持续发展”一词概括了他们在经济发展和保护环境方面的主张。1991 年第十届世界林业大会，尤其 1992 年世界环境与发展大会以后，一些专家又提出了“森林可持续经营”的思想。这不仅丰富了以前森林经营理论的内容，而且将可持续经营作为森林经营和林业发展的目标，极大地丰富了森林经营理论的内涵。这一思想，同时也标志着传统林业正在向可持续发展林业转变[1]。

欧洲国家的林业可持续经营和发展，在理论和实践上都取得了显著成就，是全球生态建设和森林保护的主导力量。德国是近代林业理论的发源地，提出了很多林业生产经营理论，如“近自然林业理论”，这一理论将森林的生态效益放在首要位置；“新林业理论”，这一理论突出了森林生态效益的核心地位。1992 年联合国环境与发展大会形成的“林业可持续发展理论”则丰富了生态优先的内涵，考虑了生态、经济与社会效益的同步发展。总体来说，近代林业经营理论是从“法正林理论”开始的，用生长量来控制采伐量，以经济效益优先，追求最大利润，经营大面积的人工纯林，实行皆伐作业。

雷公山苗族称谓的千年神树（作者 摄）

在德国恢复森林的过程中，保尔森于1787年首次编制了生产利用收获表，这使得德国在这一时期几乎全部营造了产量高、经营方便的云杉林和欧洲松林，这虽然满足了人们对木材的需求，但却导致了严重的生态失衡，这一失衡对当今的德国林业仍然产生着影响。今天的德国，已经改变了以木材生产为目的的经营思想，明确了“永续利用森林”的目标，并通过建立森林公园和划分休憩林与保护林来实现这一目标，这使得德国林业进入了一体化，继而注重生态与社会效益，最后强调生态优先，生态、经济和社会效益兼顾，这是林业经营思想转变经营阶段。

成材杉林（作者 摄）

日本在20世纪70年代，对林业经营战略进行了较大调整，并制定了《自然环境保护法》，修改了《森林资源基本计划》，较好地发挥了森林的多功能效益，林业经营思想也从木材和林副产品生产转向森林的多功能效益上来，森林的生态效益和社会效益受到了前所未有的重视。

美国曾经将森林划为保护区和林业用地两大类进行经营管理，以达到生态效益和经济效益兼顾的目的。但这种把保护与生产对立起来的做法，既不能达到保护的目标也不能达到生产的目的。于是，美国林学家们经过长期研究，提出了“新林业理论”，把森林资源的保护和生产融为一体，既重视森林的生态效益，也重视木材和林副产品的生产。

亚太地区因为经济的落后，是初级林产品的主要出口国家。森林资源的大规模开发，虽然推进了经济的一定程度发展，但却使生态环境受到了很大的冲击，生物多样性和物种的保护对这一地区提出了新的要求。一些国家出现了森林私有化现象。

中国的传统思想深刻地影响着林业经营理论，主要体现在正确理解自然界、正确处理人与自然的关系和合理利用自然资源三个层面上。我国古代的林业经营生产始终贯穿了“取之有时，用之有节”的资源利用观和"天人合一"的自然观。我国古代的林业生产，充分体现了"以人为本"的理念，林业必须为人服务、为经济发展服务，"径级择伐法"和"森林轮伐法"比西方社会早了800多年，这是森林可持续发展理论的思想基础。

海拔4000米的森林（作者 摄）

从国家的角度来看，我国可持续林业战略研究是21世纪国家宏观发展战略的重大研究项目。在2002年初"中国可持续发展林业战略研究"项目汇报会议上，温家宝总理指出，要从宏观管理入手，建立和完善环境与发展综合决策的机制。当前，我国正在加快林业发展步伐，推动生态环境建设，亟需有一套正确的方针、政策和科学的规划来指导。因此，加强林业发展战略的研究，刻不容缓。同时，

剑河县基佑苗寨（莫章海 摄）

古法造宣纸的构树（作者 摄）

温家宝总理指出，“中国可持续发展林业战略研究”以可持续发展理论为指导，以建设现代林业、实现山川秀美为目标，以九大战略性问题为核心，以跨越式发展为途径，提出中国可持续发展林业重大战略及实施对策，内容比较全面，内涵广、跨度大，结构也比较合理。总理这一肯定，也看出国家对这项研究的关心和重视[2]。

在2011年9月的首届亚太经合组织林业部长级会议上，胡锦涛总书记提出了“绿色增长”的理念，指出森林是重要而独特的资源，具有可再生性、多样性、多功能性，承载着潜力巨大的生态产业、可循环的林产工业、内容丰富的生物产业。森林也是陆地生态系统的主体和维护生态安全的保障，对推动绿色增长发挥着重要作用。《北京林业宣言》也提出了林业以其独特的作用和对可持续发展的贡献，有潜力成为实现绿色增长的领军行业。国家林业局赵树丛局长也指出，绿色增长是世界经济社会发展的历史潮流，科学发展是国家经济社会发展的主题，促进绿色增长、实现科学发展是经济社会可持续发展的根本要求，是国家最重要的战略大局。发达的林业是实现绿色增长和科学发展的基础支撑和重要标志。

从贵州省黔东南苗族侗族自治州的实际情况来看，全州拥有优越的自然立地条件和悠久的造林营林传统，这里是我国南方重点集体林区，贵州省10个林业重点县有8个在黔东南，林业是黔东南的传统和支柱产业。因此，研究探索黔东南州林业可

杉树林套种西洋红豆杉（作者 摄）

持续发展战略对同类地区林业可持续发展具有重要意义，也可以为有关决策部门提供必要的理论、实证与对策方面的参考。

20 世纪 50 年代三穗款场乡三联村土法木炭炼铁炉（作者 摄）

在贵州锦屏等长江上游清水江中下游地区，自明代 500 多年以来，人们不但靠山吃山，更难能可贵的是还不停地培育青山，使绿树成荫、鸟语花香、流水潺潺的自然环境数百年来保持不变。早在明代，这里就已形成了林粮间作的习惯，即在刚植栽的幼林间套种杂粮，既可解决因田少而带来的粮食不足，又能对幼林予以很好的管护，促使林木速生丰产，一举两得。为鼓励造林，山主们便允许造林者享受成林前林地间作所出产的杂粮蔬菜，并承诺在以后林木砍伐出卖时分给造林者部分收入，逐渐沿成习俗。这在当初也许是不经意的权宜之计，然而在今天看来却是一项颇值得研究的创举。这一创举，维系了清水江流域林区数百年林业的长盛不衰[3]。

1949 年以后，新中国林业发展先后经历了以木材利用为中心（20 世纪 50 年代初期到 70 年代末期）、木材利用为主兼顾生态建设（20 世纪 70 年代末期到 90 年代后期）和以生态建设为主的三个发展阶段。第一、二阶段从“普遍护林护山，大力造林育林，合理采伐利用”和“保护林木，发展林业”出发，有效调整了全国林种结构。第三阶段以可持续发展理论为指导，坚持三大效益兼顾，生态效益优先，林业生态经营重点已经从木材生产为主逐步向森林管

清水江木材运输沿岸的锚岩（王宗勋 摄）

传统炼山造林（王宗勋 摄）

护、培育转移，森林资源得到了有效的保护与发展。在这三个阶段中，我们吸取了丰富的经验与教训，林业发展战略也经过了多次调整，最终形成了以生态建设为核心，以大工程带动大发展的战略思路。

在林业发展理论上，张建国教授提出了“生态林业理论”，强调正确处理木材生产和森林生态的关系，从生产角度强调森林永续利用原则，摒弃了单纯追求木材生产的做法。雍文涛提出“林业分工论”，主张拿少量的林业用地搞林木培育，承担起全国所需的大部分木材任务，其余林地则主要发挥其生态作用，“林业分工论”可以概括为“局部上的分而治之，整体上的合而为一”。具体说，就是把森林划分为商品林、生态林、多功能兼容林，其实质是集约经营林业用地，提高林地生产力水平，基本满足社会用材需要，为保护生态环境创造良好前提条件。“林业分工论”是我国森林分类经营的基础。还有“木材培育论”，就是把培育森林资源作为一种产业，建立木质原料生产体系，定向培育，实现优质、高产、高效林业。“产业结构合理化理论”，则强调通过产业结构调整，突破长期以来以原木为主的初级产品单一型的林业生产的桎梏，走以林产工业为主导产业，一、二、三次产业结构合理的林业发展道路。随着生态环境的恶化，森林资源的锐减，人们开始探索人与自然协调发展的道路，张建国、张嘉宾、江泽慧等提出了“现代林业理论”，这一理论主要强调人与自然的协调发展。

苗族民居（作者 摄）

三穗县滚马乡大寨村古树榉木、枫树被藤缠绕（作者 摄）

近10年来，我国林业开始迈向以可持续发展林业理论为指导，以“三个系统一个多样性”为生态文明建设基石，以“六大林业工程建设”为载体的林业可持续发展道路。林业既是一项重要的公益事业，又是一项重要的基础产业，具有巨大的生态、经济和社会功能。中共中央、国务院高度重视林业工作，赋予了林业部门建设和保护森林生态系统、管理和恢复湿地生态系统、改善和治理荒漠生态系统、维护和发展生物多样性的重大职能。人们形象地把森林生态系统喻为“地球之肺”，把湿地生态系统喻为“地球之肾”，把荒漠生态系统喻为地球一种很难医治的疾病，把生物多样性喻为“地球的免疫系统”。实践证明，这“三个系统一个多样性”中，无论哪一个系统被损害或破坏，都会影响地球的生态平衡，影响地球的健康长寿，危及人类的生存根基。只有建设和保护好这些生态系统，维护和发展好生物多样性，人类才能永远在地球这一美丽的共同家园里繁衍生息、发展进步[4]。随着中共中央、国务院《关于加快林业发展的决定》的指导思想的不断深入执行，人们开始对森林资源可持续发展进行探索，四川、福建、湖北、重庆、黑龙江、广东、山东、吉林等地区先后开展了一

雷公山阔叶林（作者 摄）

系列的试点研究工作，并已取得初步成效。从试点情况来看，实施林业可持续发展战略，可以走出林业发展的困境，改变投入与产出不相符的历史现状。但是，由于政策及认识等各方面原因，一些超前的先进理论并没有在实践中得到很好的运用。黔东南州在实施林业可持续发展战略过程中，可以通过试点取得的成功经验并结合相关先进理论，打破陈规，将黔东南林业再度推向发展的高峰。

本书的研究思路是，在总结国内外林业可持续发展战略研究现状的同时，考察南方重点林区可持续发展的基本情况，比较其共性和差异，总结其成功的经验和做法，并结合贵州省黔东南州的林业现状，包括自然条件、社会经济条件、森林资源条件、人员结构、产业现状等，对林业可持续发展的问题进行诊断分析，提出黔东南林业可持续发展的战略和规划，以及推进黔东南林业可持续发展的策略，包括制度创新、体制改革、资金筹措、服务体系、科技支撑、生态文明建设等方面，以期为黔东南乃至全国林业的可持续发展战略提供参考。本书研究拟达到的目标是，总结和提炼林业可持续发展的理论依据，分析黔东南林业发展存在的问题及根源，为林业可持续发展提供合理、有效的战略和政策方向。

美国山核桃树（作者 摄）

第二章 林业可持续发展的理论

任何实证研究都必须要有理论的支撑。理论的主要功能是解释和预测经济现象，因此，在进入研究过程中，首先应当以理论分析作为研究的逻辑起点。本章的主要目的就在于通过对林业可持续发展的理论进行较为系统的思考，为后续实证和政策研究提供必要的依据。

一、林业可持续发展的内涵界定

1. 林业可持续发展的内涵

目前，可持续发展的内涵多种多样，可持续发展的定义多达上百种。“既能满足当代人的需要，又不对后代人满足其需要的能力构成危害的发展”是《我们共同的未来》给“可持续发展”下的定义。我国的林业可持续发展理论简述为“青山常在，永续利用”。过去是经济建设对生态环境带来影响，而现在，是生态环境的压力给经济发展带来了影响。所以，我们需要一条能在若干年内，在若干地方支持人类进步的道路，并且这条道路要一直通向支持人类进步的遥远未来。可持续林业是在确保森林生态系统其生产力和可更新能力，以及森林生态系统和生物多样性不受到损害的前提下的林业实践活动。它是通过综合开发、培育和利用森林资源，发挥其多种功能，并且保护土壤、空气和水的质量，以及森林动植物的生存坏境，既满足当代社会经济发展的需要，又不损害未来满足其需求能力的林业。可持续林业从完整的生态系统、良好的生态坏境及主要林产品持续生产等

三穗县寨头苗寨蚩尤庙旁紫薇树（作者 摄）

依山傍水的凯里季刀苗寨（作者 摄）

诸多方面反映了现代森林的多重价值观，而且对区域乃至整个国家、全球的社会经济发展和生存环境的改善的都有不可替代作用，这种作用几乎渗透到人类生存时空的每一个领域。它是一种环境不退化、技术上可行、经济上能生存下去以及被社会所接受的发展模式。

2. 林业可持续发展的特征

林业要实现可持续发展，必须具备和满足一些基本的特征。这些特征最基本的包括以下几个方面。

（1）可持续发展的林业能够保证生物具有持续和多样化发展。

（2）可持续发展的林业具有很好的市场适应和竞争能力。

（3）可持续发展的林业是高效性行业，应以充分利用现代科学技术为支撑。林业可持续发展要求利用现代科学技术和知识来规划、指导、开发与研究合理的林业技术，具有较高的资源综合利用率和生产率。

（4）以生态建设为重点，以高效发挥森林的多种功能和多重价值为目标，要求充分了解林业生态系统的格局与过程，在林业活动中，时刻维护林业生态系统的结构和功能的稳定性。

（5）林业的发展与规划需以可持续发展理论为指导。无论地方、区域或国家，都必须强调林业发展规划的科学性和具体规

弄相山原始森林（单洪根 摄）

丹寨龙泉山（莫章海 摄）

划目标的可持续性。

(6) 可持续林业遵从生态学和生态经济学原理，在获取最大经济利益目标的前提下，保持林业与自然生态环境的协调发展，环境改善和保护功能显著。

(7) 以满足人类日益增长的生态、经济和社会需求为宗旨，以建立"和谐林业"为最高境界[5]。

二、林业可持续发展的要素和条件

1. 林业可持续发展的要素

林业可持续发展的要素一般包括林业技术投入、资本投入、劳动力投入、林业基础设施建设投入、森林资源和林业经营管理等。

(1) 林业技术投入。林业要实现内涵式发展，技术投入是关键，技术进步可以提高林业产品的附加值，可以提高林业的经营管理水平。没有林业技术的推动，林业的生产率和经济效益就很低，林业就不可能得到可持续发展。

(2) 资本投入。要持续地生产出丰富的森林资源，就必须有足够的资本投入。这些资本投入有可能来自国家，也可能来自个人。林业资本投入到底来自何处，关键取决于林业经营管理体制和林业投融资体制的性质。如果林业属于国家和集体所有，林业生产资本必然由国家和集体出资，如果林权归私人经营，林业资本投入就可能来自私人，来自民间资本。有了雄厚的资本投入，就可以购买林业生产所需要的树苗、生产

雷山朗德风雨桥（凌小波 摄）

森林中的巴拉河大峡谷（单洪根 摄）

工具、基础设施和聘请劳动力，最终形成林业的生产活动。

(3) **劳动力投入。**人是林业可持续发展中最积极最活跃的要素。林业生产离不开资本，更离不开劳动力投入，劳动力素质越高，林业生产就越有效率，劳动生产率就越高，所以，林业可持续发展需要一大批科学文化素质高的林业人。

(4) **林业基础设施建设投入。**林业基础投入是加快现代林业进程，建设和谐林区的必然要求。加强林业基础设施建设，实现林区通路、通水、通电，加快林业工作站、技术推广站、三防站、林业服务中心、产权交易中心和林产品市场建设，对促进林业生产现代化建设，实现林业发展和林农增收，建设和谐林区意义重大。因此，林业基础设施建设投入，在实现林业可持续发展中作用重大。

(5) **森林资源。**森林资源是林地及其所生长的森林有机体的总称。其以林木资源为主，包括林中和林下植物、野生动物、土壤微生物及其他自然环境因子等资源。林业可持续发展的根本依赖是要不断生产出丰富的可以转化为经济、社会、生态效益的森林资源。森林资源越丰富，林业就越能够实现可持续发展。

(6) **林业经营管理。**经营管理是林业发展的基本要素条件。良好的经营管理可以将林业资源进行优化配置，可以将林业生产要素的效率提到很高的水平，使之产

兴义马岭河峡谷（作者 摄）

木材加工企业——加工镜框车间（作者 摄）

木制工艺品（作者 摄）

生更加突出的经济效益、社会效益和生态效益，可以实现林业的内涵式发展。因此，提高林业经营管理水平，是确保林业可持续发展的重要环节。

2. 林业可持续发展的条件

第一，要有一定的自然条件。自然条件主要指森林气候和大气循环。如果风调雨顺，又没有雷电、病虫等自然灾害，森林植被就可以健康成长。从人为活动来看，对不可再生资源，一定要提高其利用率，积极开辟新的替代资源途径，尽可能减少其消耗；对可更新资源，要限制在其承载力的限度内，同时采用人工措施促进可更新资源的再生产。

第二，要有一定的社会经济条件。在经济持续增长的同时，需要提高全民的可持续发展意识，充分认识人类生产活动可能对森林环境与发展造成的负面影响，提高人们对森林资源的保护意识和可持续开发意识。增强人们对森林资源保护与开发的社会责任感，提高森林可持续发展的能力，是实现林业可持续发展不可缺少的社会条件。

第三，必须兼顾与环境的和谐。保证森林资源的持续利用，促进林区经济可持续发展，实现社会可持续发展。最终实现资源、经济、社会和谐的关系。

三、林业可持续发展的指标体系

按照可持续发展林业统计评价的总体思路和原则，指标体系分三级。一级指标按林业生态体系、林业产业体系、生态文化体系分为三大类；二级指标是在一级指标下设计的指标，如森林生态系统、湿地生态系统、荒漠生态系统等 9 个二级指标；三级指标是在第二层次指标下设立的指标，如森林覆盖率等，共计 32 个。

镇远高过河幽谷探幽（王敏 摄）

类 4 个三级指标。

2. 林业产业体系

通常，林业产业状况包括林业产业经济效益、林业产业社会效益和产业保障体系 3 个二级指标。

（1）林业产业经济效益包括单位森林面积木材产量、人均木材占有量、人均木材加工制品占有量和人工非木质林产品产值 4 个三级指标。

（2）林业产业社会效益 包括林业产业对 GDP 的贡献、林业就业贡献率和农民增收贡献率 3 个三级指标。

（3）林业产业保障体系包括林业科技进步贡献率、具有中高级以上技术职称（含大专以上学历）人员比例、造林良种使用率和单位森林面积林业建设资金投入量 4 个三级指标。

1. 林业生态体系

林业生态状况指标包括森林生态系统、湿地生态系统、荒漠生态系统和生物多样性保护 4 个二级指标。

森林生态系统包括森林覆盖率、林地利用率、单位面积森林蓄积量、受火灾及病虫害危害的森林面积比重和行政区森林碳汇总量 5 个三级指标。

湿地生态系统包括湿地率和湿地保护率 2 个三级指标。

荒漠生态系统包括土地荒漠化率、草原荒漠化率、森林荒漠化率、水碱荒漠化率 4 个三级指标。

生物多样性保护包括天然林保护率、自然保护区面积占行政区土地面积比重、列入濒危物种数量（以 IUCN 红皮书为准）和国家保护的野生动植物野外和人工繁育的种群种

锦屏青山界 5 万亩丘陵草原（作者 摄）

3. 生态文化体系

生态文化及社会发展指标包括生态旅游和文化价值 2 个二级指标。

生态旅游指标包括人均森林公园面积、森林旅游人次和森林旅游对当地旅游的贡献率 3 个三级指标。

月亮山森林景观（作者 摄）

四、林业可持续发展的评价方法

林业可持续发展的评价方法分为无量纲化法、赋权法、综合合成法、状态的评判法[6]。

这些评价方法从不同的侧面、不同的层次描述经济、社会、自然系统的变化，进而反映这些变化是否朝着可持续发展的方向前进。其主要表现在：一是描述和反映任何一个时间点上或时期内经济、环境、资源、社会等方面持续发展的现实状况；二是描述反映一定时期内以上各个方面可持续发展的变化趋势及速率；三是综合测度一个国家或一个地区可持续发展整体的各部分之间的协调性、和谐性，从而在整体上反映可持续发展状况。

1. 评价指标的无量纲化法

森林之漂——台江翁密河（莫章海 摄）

在建立了递阶层次的森林可持续发展系统评价指标体系后，综合评价的第一步是要确定各指标的分值，而评价指标往往是非同质的。一方面，各指标实际数值的量纲不同；另一方面，由于各评价指标反映的是系统的不同侧面。因此，采用的指标形式有所不同，有的是总量指标（如单位面积林

中国漂城施秉杉木河林中漂流（王敏 摄）

分总生长量），有的是相对指标（如病虫害面积防治率）或平均指标（如人均森林面积），这样就会产生各评价指标实际数值在数量级上的差异。因此必须通过无量纲化的方法加以解决，即通过数学变换消除原来评价指标量纲和数量级的影响，将指标的实际值转化为无量纲的、同度量的可以综合的评价值。在森林可持续发展评价领域，适用的无量纲化处理方法有，相对化处理法、隶属函数法和功效系数法。

2. 评价指标的赋权法

为了对森林可持续发展系统得出一个全面和整体性的评价，需要把反映森林可持续发展系统的各方面指标综合在一起。但由于反映系统各个侧面的各项指标的不平衡性，有的指标在综合水平形成中的作用应该大些，有的则应小些，这就需要进行赋权处理。评价指标的赋权问题必须与森林可持续发展系统的性质相结合，各指标权重的大小直接影响到森林可持续发展综合评价值的高低，从而影响到对森林可持续发展状况的评估。因此，选择合适的评价指标的赋权方法并科学地确定各指标的权重在综合评价中是非常重要的。在森林可持续发展评价领域，适用的赋权方法主要有专家评判法、直接赋权法和层次分析法等。

3. 评价指标的综合合成评判法

森林可持续发展综合评价的目的是对森林可持续发展系统做出一个整体性的评价，这就必须将指标体系中各个指标的无量纲化值进行综合而形成一个新的综合指标。在森林可持续发展评价领域，适用的方法主要有4种：加法合成法、乘法合成法、混合合成法和水桶原理法。

4. 评价指标的状态评判法

对林业可持续发展状态的评估，可以是在一个较长的时间段内进行，如5年、10年或一个世纪等；也可以是针对某个时间点的估计，如某个年度等[7]。

第三章　南方重点林区林业发展的经验

一、南方各省区林业发展概略

南方集体林区是我国的主要林区，区域范围包括湖南、湖北、江西、安徽、浙江、福建、广东、广西、贵州和海南等10省(区)，总面积216.7万平方千米，约合32.59亿亩，占全国土地总面积的22.6%，分布着我国37.12%的森林面积，保存着全国15.97%的森林蓄积[8]。我们可以大致了解其林业基本情况。

从林业林权制度改革来看，新中国成立以后，南方集体林区林权制度经过了土地改革、初级合作社、高级合作社、人民公社和林业“三定”（稳定山权林权，划定自留山，确定林业生产责任制）等几次大的变革[9]。从林业经营模式来看，已经逐步由传统的木材生产经营到多种经营模式过渡。从林业资源变化情况来看，南方重点林区的自然资源也从单一种过渡到多个品种，而且各级科研单位也正在积极选育丰产的林业资源。从管理模式来看，随着信息产业的发展，大量有关林业发展的信息通过网络得到了及时快速的传播，并且相关的林业管理系统也正在研究开发当中。

1. 福建省林业发展情况

福建省现有林业用地面积1.36亿亩，占土地总面积的74.7%，森林覆盖率63.15%，居全国第一，竹林面积1490万亩，活立木蓄积5.32亿立方米，规模以上林业工业企业近800家。福建是全国重点林区，林业改革与发展一直走在全国前列，20世纪80年代末一举摘得全国森林覆盖率第一的桂冠。2003年最先开始了集体林权制度

雷公山莲花坪景区（作者 摄）

从江加鸠福建柏（单洪根 摄）

改革，2007年，基本完成改革任务。其系列配套改革成为全国集体林权改革的“标准范本”。“十二五”提出了“森林福建”的战略构想，重点建设持续深化集体林权制度改革，强化科技支撑和法制支撑及完善森林生态、产业和文化体系。其主要做法：一是通过股权量化、股权到户（联户）或以人口、农户为单位均分、均包的形式，把集体林木所有权和林地使用权明晰到户、联户和经营主体；二是通过承包、租赁、股份合作、折价转让等多种形式，建立以林农为主体的微观经营主体，放活山林经营权；三是通过简化林政管理手续，放宽商品林采伐限制，实行林木自主经营，落实林木经营者对林木的处分权；四是通过降低林木税费和集体经济组织内部的利益调整，还利于民，确保林业经营者的收益权；五是建立生态公益林的责权利相统一的管护机制、生态效益补偿机制、合理利用机制；六是改革和完善林业融资体制。

2. 广西壮族自治区林业发展情况

广西壮族自治区森林面积1.93亿亩，活立木总蓄积量达5.58亿立方米，森林覆盖率达54.2%。2000年以来，广西壮族自治区主要实施以生态建设为主的林业发展战略，整合实施了森林生态效益补偿工程、退耕还林工程、珠防林海防林工程、野生动植物保护和自然保护区建设工程、石漠化治理试点工程等林业重点生态工程。近年来，还着力实施以北部湾生态屏障和西江千里绿色走廊为主的珠江防护林、沿海防护林和湿地保护工程，生态建设成效显

雷公山林区（作者 摄）

橡胶树（作者 摄）

著。其主要做法：一是坚持并不断完善“五级书记抓林改”的成功经验，提出了建设生态文明示范区和林业强区的重大战略决策；二是加快推进集体林权制度改革，发挥市场配置资源的作用，实现了土地、资金、技术、劳动力等生产要素优化组合，探索了租赁、合作、股份、订单、“借六返九”等多种林业经营模式；三是坚持不懈地加大科技投入，推进技术创新，在良种良法上做了较好的储备，通过选育优良品种、建立繁育基地、推广栽培技术等多项科研成果的组装配套，提高了林业科技贡献率；四是严格保护林地、征占用林地定额管理，编制了林地保护可行性报告，强化对占用征用林地调查、跟踪监测等措施，逐步实现规范化、科学化，有效地保护了林地资源、国家重点保护动植物资源及名木古树资源等；五是积极探索林下经济发展新路子，激活林改后的林业生产力和建设林业强区，全面推动林下经济发展。

3. 湖南省林业发展情况

湖南省有林地面积 1.57 亿亩，森林覆盖率 56.1%，活立木蓄积量 4.02 亿立方米，规模以上林业工业企业 658 家，林业产业年总产值达到 630.14 亿元。湖南省于 2005 年开始了林业体制改革。主要围绕深化改革创新为主题，以突出抓好森林经营和统筹城乡绿化为重点，完善林业生态体系、林业产业体系和生态文明体系，强化设施基础、政策基础、科技基础和人才基础。其主要做法：一是推动森林、林木和林地使用权流转，在确定权属的基础上，建立完善的产权合理流动的机制，在资兴市试点建立森林、林木和林地使用权流转交易中心，实行拍卖招标、挂牌交易；二是进一步推

黔北生态优美的农家（作者 摄）

松树林下盛开山茶油花（作者 摄）

进森林分类经营管理，按照主要用途不同，将林业区分为公益林业和商品林业两大类，生态公益林以公共财政投入为主，商品林由市场配置资源，政府给予必要扶持；三是发展非公有制林业，行政事业单位干部职工辞职从事林业开发建设的，可享受有关政策待遇，减轻林业经营者税费负担；四是开展国有森工企业和国有林场改革。按照“抓大放小”的指导思想，把破产、兼并和“两个置换”作为推动国有森工企业的改革的重点。

4. 浙江省林业发展情况

浙江省林地面积9966.9万亩，其中森林面积8903.25万亩；活立木总蓄积2.29亿立方米，其中森林蓄积2.04亿立方米；毛竹总株数18.75亿株，森林覆盖率58.31%。在林业改革与发展上，浙江省林业发展以森林生态、森林产业、森林文化三大体系为建设重点，以进一步深化林权制度配套改革为主线，以资源保护和科技创新为支撑。努力从注重增加森林面积向提高森林质量，增加森林蓄积量，提升森林碳汇能力转变；从单一的森林结构向复层稳定的森林结构转变；从山地森林生态系统向湿地生态系统、平原农林复合生态系统、城市（镇）复合生态系统等转变；从重点发展山区向山区、平原共同发展的方向转变；从注重“一产”向“一二三”产共同发展转变；

中药材杜仲树（作者 摄）

雷公山小熊猫（单洪根 摄）

中密度纤维板生产车间①（作者 摄）

中密度纤维板加工车间②（作者 摄）

从部门发展森林向全社会关注森林、发展森林转变。其主要做法：一是实现自主创新研究，在森林生态体系构建、竹木产业化技术、林（特）产品综合利用、数字林业等领域都有新的突破和进展；二是推广科技新成果，共实施省级以上推广项目77项，建立示范点205个；三是致力林产品质量安全和标准化工作，在林产品安全生产与标准化方面，制定、修订省级地方林业标准45个，率先在全国初步建立起无公害林产品的省级地方标准体系；四是加强与外界的科技合作。4年多来，先后在浙江60多个县市实施了各类科技合作项目150多项。

5. 湖北省林业发展情况

湖北省林地面积为1.29亿亩，占总面积的46.4%，森林面积9056万亩，活立木总蓄积2.05亿立方米，森林覆盖率31.14%。湖北省造林绿化稳步推进，森林资源快速增长；重点工程建设进展顺利，生态建设得到加强；森林资源和生物多样性的保护得到加强；林业产业不断发展壮大；集体林权制度改革向纵深发展；科技支撑保障体系和基础设施建设得到加强；着力强化资源保护，加强执法和服务，巩固林业建设成果。其主要做法：一是坚持集体林权制度改革，实现了“山定权、树定根、人定心”；二是提出“生态建设从山上走下来，产业发展从林中走出来，林业改革与发展让林农富起来”的发展新思路；三是坚持实施“大基地、大品牌、大龙头、大园区”发展战略，坚持特色发展和集群发展，积极推进林业产业园区化建设，实现科技、资金、资源的聚集；四是从能力建设、结构调整、制度创新三个方面入手，努力抓好林业行政管理人才、科技人才、执法人才三支队伍建设，为林业生态建设和产业发展提供强力的组织保证和人才支持。

习水长嵌沟水车磨坊（作者 摄）

6. 江西省林业发展情况

江西省土地总面积2.5亿亩，其中林业用地1.6亿亩，占总面积的64%，有林地1.5亿亩，活立木蓄积量3.5亿立方米，森林覆盖率60.5%。作为我国南方重点林业省，新中国成立50多年来，林业建设取得了令人瞩目的成就，先后组织实施了"灭荒"造林、"在山上再造一个江西"和"跨世纪绿色工程"等林业发展战略，极大地推动了林业的发展，扭转了森林资源持续下降的局面，实现了森林面积、蓄积的双增长，生态状况得到明显改善。江西省坚定不移地把林业工作的着力点放在提高森林资源的质量上，下大力气调整林分结构和林业产业结构，千方百计搞活用工制度、搞活森林资源、搞活经营机制。其主要做法：一是实施以改善生态状况、扩大森林资源为主要目标的林业重点生态工程建设，同时在不同地域的典型森林生态类型区、珍贵野生动植物繁殖区以及其他天然林区建立各类自然保护区，加快生态建设步伐，保护和培育森林资源；二是启动实施了世行贷款项目造林、速生丰产林基地、油茶丰产林基地、毛竹丰产林基地等一批集约经营的商品林业建设项目，兴办了一批以森林资源为依托的林产工业企业，林业生产的基地化、规模化、产业化程度逐步提高，林业产业正朝着产供销、贸工林一体化方向发展；三是完善林业支撑体系建设，加快建设林木种苗基地，开展不同层次的林业教育体系，促进了林业行业人员整体素质的提高；四是积极推进林改工作，配套改革全面深化。① 明晰产权。采取均股、均利、均山的方式，落实森林资源的经营生产主

镇远铁溪风光（作者 摄）

体。② 规范流转。允许林权所有者以出租、转让、入股、联营、抵押等方式自主流转山林。③ 统分结合，配套改革。建立健全森林资源管理体系、林业政策法规体系、林业投融资体系、科技人才服务体系、新型林业产业体系和林业保障体系。④ 放活经营，改革木竹采伐管理制度。⑤ 减轻税费。实行“两调整、两取消、一规范”制度。

飞流直下——镇远高过河古耳洞瀑布（莫章海 摄）

7. 安徽省林业发展情况

安徽省土地总面积 2.07 亿亩，其中林地面积 6605.25 万亩，占总面积的 31.87%；森林面积 5401.05 万亩，占林地面积的 81.77%，森林覆盖率 26.06%。活立木总蓄积 16258.35 万立方米，其中森林蓄积 13755.41 万立方米，占 84.60%。其具体做法：一是各级领导承担造林重任，推进林业跨越式发展，各级领导身体力行，亲自以办造林绿化点为指导推动工作，全省乡（镇）以上干部共办绿化点 3020 个，其中省级领导办点 39 个；二是全社会积极参与林业建设，实现由部门办林业向全社会办林业转变，逐步形成了多主体建设、多渠道投资、多形式经营的全社会办林业格局；三是积极推进林业改革创新，不断完善林业体制机制，开展以稳定山林权、划定自留山、确定林业生产责任制为主要内容的林业“三定”工作，积极探索林权流转、林业要素市场建设、森林保险、林业抵押贷款、林业合作经济组

樱花（作者 摄）

锦屏木材贮存（单洪根 摄）

织建设、森林采伐管理制度改革等各项配套改革。安徽省南部推行"分股不分山、分利不分林"的股份合作制林业；北部大力推行农村"四荒"（荒山、荒地、荒滩、荒水）租赁、承包、拍卖，全省普遍开始探索以"一权不变，两权分离"（所有权不变，所有权与使用权分离）为主要内容的林权流转改革，多种成分的林业经济纷纷涌现。

8. 广东省林业发展情况

广东省土地面积 2.67 亿亩，林地面积 1.65 亿亩，森林面积 1.48 亿亩，森林覆盖率达 56.7%，活立木蓄积量达 4.18 亿立方米。广东全面实施林业生态建设规划，从深化改革、提升灾害防控能力、实施生态工程、发展林业产业、繁荣森林文化等全方位构建森林生态、林业产业和森林文化三大体系，最大程度地实现林地价值，提高林地效益，提升林地生产力水平。其具体做法：一是森林资源培育由追求数量增长向既追求数量增长、更注重提高森林质量和效益，绿化、美化、生态化转变；二是林业由粗放经营向依靠科技进步集约经营转变；三是林业产业由单一的第一产业向第一、二、三产业协调有序发展转变；四是林业资源保护管理由单一行政管理手段向充分利用行政、经济、法律等手段的综合治理转变；五是传统林业体制机制向建立完善与现代林业相适应的体制机制转变；六是以深化集体林权制度改革为动力，激活林业发展活力，完善林业灾害防御体系；七是以可持续发展、永续利用为理念发展生态林业，实施林业生态工程为重点，构建绿色生态屏障；八是以高科技武装、体制机制创新为手段发展创新林业，彻底改变传统林业

水冬瓜木材（作者 摄）

热带水果——荔枝（作者 摄）

的生产模式和增长方式。

9. 海南省林业发展情况

海南省土地面积 5250 万亩，林地面积 3100 万亩，森林面积 2639 万亩，森林蓄积量达 10474 万立方米，森林覆盖率 53.3%。目前，全省已营造浆纸林 170 多万亩，25 万亩木麻黄生产基地和 2 万亩柚木基地项目也已启动。建成了 100 多个高效椰林、特色木本水果、棕榈、花卉等经济林基地，总面积 50 万亩。全省森林病虫害预测预报体系初步形成，已建设一批达到国家标准的森林病虫害防疫站和国家级中心测报点。5 年来，由海南省林业科研机构承担的科研和技术推广项目 26 项，其中 5 项获省级科技进步奖。全省建设了一批具有较高科技含量的种苗生产基地，其中有亚洲最大的桉树良种育苗工厂化生产基地，为林业科技成果推广创造了条件。其主要做法：一是突出抓好天然林保护工程、退耕还林工程、三边（海边、路边、城边）防护林工程、椰林工程、速生丰产工业原料林工程、自然保护区建设工程等 6 大林业重点工程建设，带动林业建设的快速发展；二是围绕提高林业综合效益，不断调整优化产业结构，促进产业升级，重点抓好速生丰产用材林和名特优经济林工程建设；三是严格依法治林，加大执法力度，集中力量打击破坏森林资源的违法行为，充分发挥监督机构和新闻舆论的作用，加强法制宣传教育，形成全社会齐抓共管的良好局面。不断完善林业法制建设，先后审议通过了《海南省森林保护管理条例》、《海南

热带椰林景观（作者 摄）

1984 年林业部原副部长马玉槐在锦屏小江三八林场（单洪根 摄）

省红树林保护管理规定》、《海南省木材管理办法》、《海南省林地管理条例》等法规；四是围绕 6 大林业重点工程，进行科技攻关与实用技术推广应用。

10. 贵州省林业发展情况

贵州省土地总面积 2.64 亿亩，其中林地面积 1.32 亿亩，占总面积的 49.79%。全省森林面积为 1.06 亿亩，森林覆盖率 39.93%。"十一五"期间，贵州省委省政府提出"保住青山绿水也是政绩"的口号。林业发展思路：一是抢抓扩大内需机遇，积极争取林业建设资金，找准扩大内需的切入点，积极争取国家加大对退耕还林、天然林保护等重点工程的计划安排，多渠道、多层次争取林业建设资金投入；二是加快推进造林绿化，确保完成营造林任务，大力培育特色苗木，抓好退耕还林、天然林保护等重点工程和石漠化植被恢复；三是加强林业产业基地建设，筑牢林业产业发展的根本，加大特色林业产业基地建设力度，同时，打造林业产业板块，放大产业聚集效应，立足现有的产业基础，打造产业板块，增强聚集度，放大效应，示范带动；四是推进林产品精深加工，加快林业工业化进程。立足森林资源，在林产品精深加工上做文章，加快发展各类林产品加工业，改变卖原材料的局面；五是壮大林业龙头企业，加快林业产业化进程，开展省级林

丹寨高要梯田（莫章海 摄）

业产业化经营龙头企业评选认定工作，加大林业龙头企业的培育，重点扶持一批产业规模大、资源利用率高、市场前景好、法人治理结构先进、带动能力强的林业企业，发挥其示范辐射和带动作用；六是加强森林资源保护，维护生态安全，加大林业立法、执法力度，严厉打击各种违法犯罪活动，确保森林资源安全和生态环境安全。

贵州黄果树瀑布（杨俊江、刘续 提供）

二、南方重点林区林业发展的比较分析

1. 南方重点林区林业发展的共性

（1）复杂的权属。由于南方集体林区山林经营体制的不稳定，林木、林地权属分合不定，一方面，个人、集体、国家的“责、权、利”不明朗，另一方面形成了分散的布局，不利于规模经营。

（2）多样的经营形式。林业“三定”在一定程度上调动了林农的积极性，同时也出现了联合经营、个体承包、股份合作等多种经营方式[10]。

凯里侗家寨民居（作者 摄）

（3）林权流转有待规范。林木的生产周期很长，和农作物不一样。《中华人民共和国农村土地承包法》规定的是土地承包经营权。而林业具有两权，即林木所有权和林地使用权。林地所有权当然属于村集体，经营者承包后应定期向村委会缴纳地租（承包费），这也是当前山区村财政主要收入来源。经营者在承包中间要转让

生态公益林区（作者 摄）

林木，必须把林木和林地权同时转移，尽管可以“砍净还山”，但在林木采伐前这段时间，第一承包商仍然握有林地经营权。这就需要在土地承包法基础上制定一个山林转让的相应规定，以使这一活动规范化和合法化。

（4）林政管理需要分权。南方重点林区土地面积很大，各区域的自然和经济条件有很大差别，林业应承担的任务也各不相同。在市场经济条件下，特别是南方各集体林区，政府职能的转变要求林业管理必须走向分权，即赋予各省更大的森林经营权力。中央主要通过一类调查掌握资源变动情况（如森林资源面积、蓄积和年采伐利用量和森林保护功能的状况），并根据《森林法》的要求进行监测、监督和检查，特别是利用资源卫星适时监测森林资源的动态变化。而具体经营权以及所需进行的二类调查应由各省（区）自行根据需要解决。在这种条件下，也就自然解决了采伐限额和采伐权久拖不决的问题。[11]

2. 南方重点林区林业发展的差异

（1）林分林龄面积的差异。从表 3–1 可以看出，南方重点林区各林龄林分面积构成中，幼林比例最高的是贵州省(67.23%)，最低的是海南省(41.70%)；中龄林比例最高的是福建省(43.09%)，最低的是贵州省(24.71%)；近熟林比例最高的是广西壮族自治区(15.54%)，最低的是安徽省(4.95%)；成熟林比例最高的是广西壮族自治区(8.54%)，最低的是贵州省(2.01%)。

锦屏春蕾林场采伐后的造林基地（作者 摄）

表 3—1 南方 10 省区各林龄林分面积比较

单位：万公顷、%

省份	幼林	幼林比例	中龄林	中龄林比例	近熟林	近熟林比例	成熟林	成熟林比例	过熟林	过熟林比例
江西	340.54	49.30/6	276.55	40.04/3	48.01	6.95/8	16.64	2.41/9	8.96	1.30/3
湖南	291.10	52.09/4	187.66	33.58/7	41.95	7.51/6	32.34	5.79/3	5.76	1.03/4
湖北	223.34	55.97/2	130.87	32.80/8	33.60	8.42/4	10.24	2.57/8	0.96	0.24/9
安徽	128.86	55.10/3	86.20	36.86/5	11.57	4.95/10	6.23	2.66/7	1.02	0.44/7
浙江	158.68	46.03/8	140.82	40.84/2	27.70	8.03/5	13.01	3.77/4	4.57	1.33/2
福建	255.47	46.4/7	236.95	43.09/1	39.93	7.26/7	15.63	2.84/6	1.92	0.35/8
广东	339.61	49.63/5	253.77	37.39/4	58.05	8.56/3	23.03	3.39/5	4.32	0.64/6
广西	273.33	43.33/9	175.85	27.88/9	97.99	15.54/1	53.32	8.45/1	30.26	4.80/1
海南	34.06	41.70/10	29.38	35.97/6	11.52	14.10/2	6.12	7.50/2	0.60	0.73/5
贵州	203.05	67.23/1	74.61	24.71/10	16.33	5.41/9	6.08	2.01/10	1.92	0.64/6

数据来源：张建国．集体林产权体制改革基本完成后的思索[J]. 林业经济问题 .2008 (03) ．

（2）**天然林的差异。**从表 3—2 可以看出，南方重点林区天然林资源面积最大的是江西省，为 616.66 万公顷、最小的是海南省，为 52.28 万公顷；公顷蓄积量最大的是海南省，为 107 立方米／公顷、最小的是湖北省，为 33 立方米／公顷。

表 3—2 南方 10 省区天然林资源比较

单位：万公顷、万立方米、立方米／公顷

省份	天然林面积	林分面积	天然林蓄积	天然林公顷蓄积	经济林面积	竹林面积	疏林面积	疏林蓄积
江西	619.66/1	498.03/1	1716/3	34/7	60.82/2	60.81/2	39.05/1	215.38/4
湖南	484.56/2	356.14/4	13082/4	37/5	82.30/1	46.12/3	28.10/2	290.91/2
湖北	349.72/6	314.53/5	10441/7	33/8	24.63/3	10.56/7	15.04/5	86.58/9
安徽	145.69/9	126.14/9	4694/10	37/5	3.08/7	16.45/5	8.76/9	102.49/7
浙江	278.84/7	238.56/7	8297/8	35/6	5.07/5	35.21/4	14.71/6	99.25/8
福建	387.10/4	312.04/6	23326/1	75/2	1.69/8	73.37/1	15.15/4	318.82/1
广东	374.13/5	371.24/3	12997/5	35/6	0.49/9	2.40/9	11.51/7	146.46/6
广西	445.32/3	430.91/2	20130/2	47/4	3.36/6	11.05/6	11.05/8	153.60/5
海南	52.28/10	51.56/10	5541/9	107/1	0/10	0.72/10	0.72/10	20.99/10
贵州	224.19/8	215.55/8	110234/6	51/3	5.44/4	3.20/8	22.10/3	273.39/3

数据来源：张建国．集体林产权体制改革基本完成后的思索[J]. 林业经济问题 .2008 (03) ．

(3) 人工林的差异。从表 3–3 可以看出，南方重点林区人工林资源中，面积最大的是广东省，为 458 万公顷，最小的是贵州省，为 165 万公顷；单位蓄积最大的是福建省，为 55 立方米 / 公顷，最小的是广东省，为 22 立方米 / 公顷。

表 3–3　南方 10 省区人工林资源比较

单位：万公顷、万立方米、立方米 / 公顷

省份	总面积	总蓄积	林分面积	林分蓄积	单位蓄积	经济林面积	竹林面积	未成林面积	疏林面积	疏林蓄积
江西	291/5	5149/5	1923/5	5149/5	27/7	75.5/6	1.9	21.1/5	5.12/3	9.68
湖南	383/3	6808/3	203/3	6808/3	34/5	133.9/2	2.9	43.9/2	4.16/5	19.13
湖北	172/8	2783/9	85/9	2783/9	33/6	46.1/10	2.6	39.0/3	4.48/4	22.65
安徽	190/7	3602/6	108/6	3602/6	33/6	55.0/7	8.6	19.0/6	4.13/6	38.71
浙江	251/6	2824/8	106/7	2824/8	27/8	104.9/3	27.2	12.8/8	2.17/9	24.58
福建	361/4	13165/1	238/2	13165/1	55/1	101.8/4	8.7	12.3/9	3.13/7	32.69
广东	458/1	6730/4	308/1	6730/4	22/9	97.4/5	36.0	17.3/7	7.20/2	5.63
广西	446/2	7570/2	200/4	7570/2	38/2	157.6/1	14.0	74.5/1	2.88/8	49.72
海南	835/10	1072/10	301/10	1072/10	36/3	51.1/9	14.4	8.4/10	0.84/10	7.76
贵州	165/9	3027/7	864/8	3026/7	35/4	54.4/8	22.4	21.8/4	13.13/1	201.04

数据来源：张建国．集体林产权体制改革基本完成后的思索 [J]. 林业经济问题 .2008（03）．

(4) 经济林的差异。从表 3–4 可以看出，南方重点林区经济林面积最大的是湖南省，为 216.16 万公顷，最小的是海南省，为 51.09 万公顷 [12]。

表 3–4　南方 10 省区经济林面积比较

单位：万公顷

省份	经济林总面积	果树林	实用油料林	饮料林	调香料林	药用林	工业原料林	其他经济林
江西	136.35/3	23.04	101.15	7.68	0	1.28	3.20/7	0
湖南	216.16/1	32.34	137.40	17.61	0.32	3.20	25.29/3	0
湖北	70.71/7	28.23	4.14	7.66	0	1.26	10.55/5	18.87
安徽	58.09/9	21.80	3.07	20.70	0	0.35	3.18/8	8.99
浙江	109.95/4	38.85	21.93	28.68	0	0	0.96/10	19.53
福建	103.44/5	68.34	11.54	20.92	0	0.48	1.92/8	0.24
广东	97.86/6	59.06	12.46	4.30	0	0	6.22/6	0
广西	160.93/2	53.33	51.40	4.32	25.94	2.40	23.54/4	0
海南	51.09/10	11.04	0	0.12	0	0.12	39.57/1	0.24
贵州	59.88/8	8.32	8.00	4.48	0	3.84	33.96/2	1.28

数据来源：张建国．集体林产权体制改革基本完成后的思索 [J]. 林业经济问题 .2008（03）．

（5）林业产业的差异。从林业产业的总产值来看，浙江、湖南、福建、广东较高，而贵州较低。

镇远铁溪桂花村生态休闲农庄旁的老桂花树（作者 摄）

南方10省林产工业产值排序依次是，浙江、广东、福建、湖南、江西、广西、湖北、安徽、贵州、海南；而同期林业总产值排序依次是：浙江、湖南、广东、福建、广西、江西、湖北、安徽、海南、贵州。在两种排序中，浙江、广东、福建3省林业总产值和工业产值排位呈现高度一致[13]。

三、南方重点林区林业发展的基本经验与启示

1. 产权明晰是林业可持续发展的根本

凡集体林权制度改革的省份均以明晰产权为纽带，抓住了产权这个核心，以产权为突破口，带动整个农村经济的发展。明晰林业产权，是林业发展切实取得成效的根本。从林业发展历史来看，南方集体林区林业产权关系不明，农民并不能从村集体林业经营中得到收益，林业生产经营粗放，森林资源质量不高，林业经营效益低下。林业产权关系不清，已成为制约林业发展的最大障碍。要加快南方集体林区林业发展，必须明晰产权，明确林业经营的权责利关系。

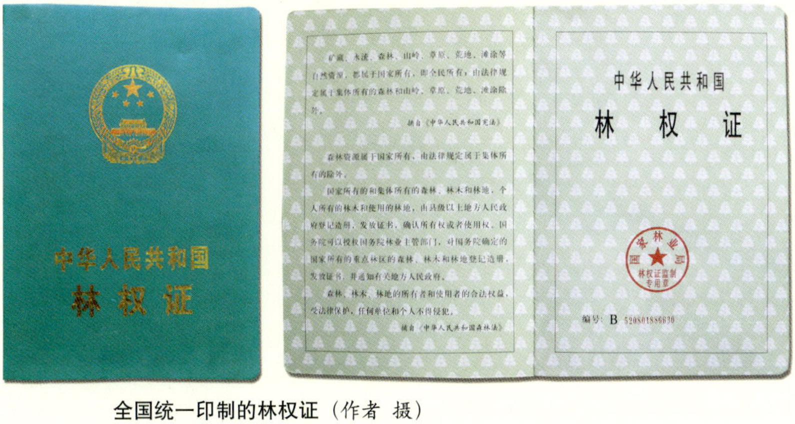

全国统一印制的林权证（作者 摄）

2. 依靠群众是林业可持续发展的基础

福建、湖南、广西、贵州等省

习水杉王（作者 提供）

3. 分类指导是林业可持续发展的保证

在林业发展与改革中，各地区都是本着因地制宜，形式多样的原则，始终坚持分类指导。在群众对山地依赖性不强，或没有什么依赖性的地方，则允许由企业或大户采取承包、租赁等形式实行规模经营，明晰林权，一步到位，实现货币形式的“耕者有其山”；在群众对山地依赖性一般，集体又有一定山地面积的地方，则采取多种形式，本着先村内、后村外的原则，在保证有耕山意愿的农民有山可耕的前提下，允许集体内部或外村能人、经济组织参与承包

习水杉王 高44.8米，胸径2.23米，冠幅22.7米（作者 摄）

（自治区）在实施林权制度改革时，充分尊重群众意愿，村级改革方案、招投标方案、收入分配方案等各项重大改革事项必须经村民会议或村民代表会议讨论通过后方可实施。在具体操作中，各地都要保证村民的知情权、参与权和决定权，做到改革程序、方法、内容三公开，严禁暗箱操作。对在改革中出现的疑难问题，允许在不违反法律法规政策的前提下，从群众中寻找解决问题的办法，发挥集体智慧，探讨多种解决途径。以贵州省锦屏县为例，充分依靠群众，以群众为基础，推动了集体林权制度改革工作的顺利进展，保证了群众的利益。

镇远青龙洞全景（王敏 摄）

山林；在群众对山地依赖性强的地方，坚持做到的"耕者有其山"，原则上进行均山分配，解决群众就业和收入问题。

4. 配套改革是林业可持续发展的保障

只有以集体林权制度改革为中心，积极开展相关配套改革，才能有效解决改革中存在的生态公益林保护、森林防火和病虫害防治、林地林木流转、林业规模经营等问题，才能健康有序地进行推动改革。各地区在实施集体林权制度改革时，积极进行了生态公益林管护和限制性利用试点、国有林业企事业单位改革、并在部分地区积极创新森林防火、森林保险机制和林业投融资体制，开展林政资源管理体制等相关配套改革，不断优化林业发展环境，还权于民，让利于民，形成全社会办林业的格局。

凯里石龙寨冬景（莫章海 摄）

第四章 黔东南林业发展现状分析

林业发展现状与绩效评价是考察贵州省黔东南州林业发展的重要内容，是实证研究的逻辑起点。本章的主要目的是对黔东南州林业发展做初步的了解，把握住林业发展的现实状况，肯定林业发展的成绩，为后文的研究提供初步的依据。

一、林业发展的资源条件

1. 自然条件

(1) 地形地貌。黔东南州地处贵州高原东南部，总体地势是北西南三面高而东部低。中部雷公山拔地而起，是苗岭的主峰，也是长江水系与珠江水系的分水岭。舞阳河、清水江、都柳江等主要河流均由西而东流经州境，分别在镇远羊坪、天柱瓮洞、从江县城附近流向湘、桂。

由北部武陵山系的佛顶山，中部苗岭山系的斗篷山、雷公山，南部九万大山山系的月亮山等，组成黔东南州内山地的基本骨架。三条主要河流的出境处海拔为舞阳河353米，清水江209米，都柳江174米。河谷深切，山系均向主要水系的谷地逐渐下降，山地海拔高度也由中山降到低山和丘陵。

黔东南北部的佛顶山，切割强烈，呈现侵蚀中山。南部多为低中山，切割深度一般小于500米，山体多为缓坡圆顶山、缓坡平顶山。夷平面范围内地势较平坦，常见比高小于100米的丘陵，在施秉、镇远

雷公山自然保护区（单洪根 摄）

镇远铁溪景区（王敏 摄）

以北及岑巩一带，规模较大的断裂带上亦有北东向、近东西向的构造谷地。在舞阳河北侧残留的夷平面范围内，常见深切峡谷，局部地段还出现嶂谷。

黔东南州主要地貌类型有岩溶地貌、剥蚀侵蚀地貌、夷平面、侵蚀堆积地形、河谷地貌、山地地貌。

（2）气候。季风气候明显，受东南亚季风在斜坡上的进退和其他天气系统的影响，气候有明显的季节性变化，立体气候明显。州内地势起伏大，海拔高差悬殊，气候呈垂直带变化，异地气候差异大。境内山地峰峦叠嶂，沟壑纵横，山多、坡陡、谷深，有“山前山后两重天”的气候特点。在山麓、山腰、山顶、阴坡、阳坡、盆谷等地，形成光、热、水气候条件各异的格局。雨热同季干湿明显。由于东亚季风活动带来的热量和水分在水平方向上的输送，形成4～10月各地月均气温15℃以上，热量丰富；同期各地降水量占年降水量的76%～84%，雨量充沛，对植物生长非常有利。11月至翌年3月，各地月气温在14℃以下，其中1～2月为4～9℃，同期降水量仅占年降水量的16.24%。四季分明，州内海拔300米以下地区，夏长秋短，春早冬迟。夏季长达120天，而秋季仅66天，3月中旬入春，11月底才入冬。海拔300～800米地区，冬长秋短。冬季120～135天，而秋季仅为66～71天。海拔800～1800米地区。冬长夏短，春迟秋早。冬季长达135天，而夏季仅51～77天，3月下旬入春，8月下旬入秋。海拔1800米以上地区，则长冬无夏，春秋相连。境内年均降水量1000～1600毫米，年均降雪2.9～11.8天，太阳总辐射年均56000～62000千瓦／平方米，年均日照为1068～1296小时。

（3）水文。州内有都柳江、清水江、舞阳河三大干流，支流溪河2900多条，呈树

锦屏圭叶林区公路（王宗勋 摄）

枝状分布。中部的雷公山山脉为清水江、都柳江分水岭，北部的其昌米坡、黄飘大坡、黄土坡、鼓楼坡、坝王坡为清水江、舞阳河分水岭，年均径流总量达189亿立方米。但年内径流变化较大，一年中5～7月为径流最多时期，8月径流减少。秋季阴雨连绵，出现一次丰水。从11月至第二年4月干燥少雨，河流主要靠地下水补给，流量平稳下降，1月和2月出现最小流量。按四季各占全年径流的比例为，夏季占35%～55%；春季占25%～30%；秋季占15%～20%；冬季占10%左右。最多的7月占全年20%；最小的1月和2月占8%上下。不同保证率的地表水资源总量，丰水年（P=20%）为220亿立方米，折算径流深为720毫米；枯水年（P=95%）为138亿立方米，折算径流深为452毫米。地下水年总量约26亿立方米，其中浅层河开采量约14亿立方米。

（4）土壤。州内土壤分布从东南向西北和从东向西为红壤——黄红壤——黄壤，呈水平分布。从低（都柳江、清水江、舞阳河）到高（月亮山、雷公山、佛顶山），为红壤（300米以下地区）——黄红壤（300～500米地区）——山地黄壤（750～1400米地区）——山地黄棕壤（1400～1900米地区）——山地灌丛草甸土，呈垂直分布。因岩性和小地形等因素的影响，各地分布有一些非地带性的隐域性土壤，发育在紫色砂页岩、砂泥岩上的紫色土，发育在石灰岩地区的石灰土，发育在河谷地区的冲积土等。

州内土壤分为11个土类，即红壤、黄壤、黄棕壤、红色石灰土、紫色土、黑色石灰土、粗骨土、沼泽土、潮土、山地草甸土、水稻土。

（5）植被。黔东南州温热多雨，土地肥沃，适宜多种植物生长，成分丰富，珍稀种类特多，有热带、亚热带、暖温带和温带植物成分，是我国多种植物区系成分交叉荟萃的地方。全州有种子植物近3000种，至2005年已鉴定出2346种，分属189科，785属。被列为国家Ⅰ、Ⅱ级保护植物42种。植被类型分为阔叶林、针叶林、针阔混交林、竹林、灌丛、灌草丛和泥炭藓沼泽等，

雷公山大塘瀑布（莫章海 摄）

在各类型组中又可分为若干不同的种类。黔东南州以其良好的山区自然生境、温暖湿润的气候条件、中厚肥沃宜种程度高的土壤条件，素有“宜林山国”的美誉。

2. 社会经济条件

黔东南州土地总面积303.37万公顷，辖16个县市，七个省级开发区，一个工业经济区，205个乡镇(办事处)。2010年末人口453.5万人，其中农业人口399.31万人，占总人口的88.1%，境内居住苗族、侗族、汉族等35个民族，少数民族人口占81.63%。

黔东南州地处交通要道，是贵州省的东大门，州内交通便捷，是云贵川通往湖南、两广的主要通道。目前，全州公路总长6938千米，实现了县县通油路，乡乡通公路。320、321国道和湘黔铁路复线穿境而过，已相继建成贵新高等级公路和凯麻、玉凯高速公路，黎平机场在2006年9月正式通航。舞阳河、三板溪湖水路运输便捷，成为州内交通有效补充。厦蓉高速公路、贵广快速铁路已经动工建设，已经规划在建贵阳至长沙高速铁路客运专线，黎平经三穗、石阡到重庆高速公路、凯里至羊甲、镇远至岑松等高速公路正在建设中，将实现县县通高速公路。全州已建和在建的高速公路近500千米，占全省的五分之一。2010年底，1800千米旅游环线公路基本建成，基本实现90%的建制村通公路。

全州已建成以500千伏为支撑、220千伏为主网架、以110千伏为环网的电网构

黎平朱冠侗寨大门（凌小波 摄）

雷公山的白岩梯田（作者 摄）

计算机网络户数12.82万户，比上年增长37.9%。

2010年，全州国内生产总值312.57亿元，比2009年增长14.2%。分产业看，第一产业增加值76.74亿元，增长6.9%；第二产业增加值94.11亿元，增长21.1%；第三产业增加值141.72亿元，增长13.8%。第一、二、三产业占全州生产总值的比重为24.6%、30.1%和45.3%。在三次产业中，第一、二、三产业对经济增长的贡献率分别为11.3%、41.9%和46.9%。全州人均生产总值7767元（按2009年末人口计算），按年末汇率折算，首次突破1000美元，约合1173美元。财政总收入完成40.39亿元，比2008年增长40.2%。其中，一般预算收入26.18亿元，比2008年增长50.2%。财政一般预算支出144.7亿元，比2008年增长35.3%。与全省经济水平相比，还是经济

架。凯里电网现有35千伏及以上变电站共143座，其中500千伏变电站1座、220千伏站9座、110千伏站42座、35千伏站91座，变压器（含配变）总容量722.8万千伏安，35～110千伏送电线路218条共3693.7千米，10千伏及以下线路614条共18415.4千米；供电可靠率达99.86%，综合电压合格率达99.52%，城市居民端电压合格率99.49%。

全州乡镇以上城镇实现了电话交换程控化和传输数字化，移动和联通无线电话网络覆盖了全州各乡镇，通村覆盖率100%。有本地局用交换机容量38.07万门，移动电话交换机容量315万户，固定电话年末用户39.53万户，年末移动电话用户达到164万户，电话普及率达到31.81部／百人。互联网户数103.73万户，其中，

锦屏九南竹海（单洪根 摄）

地球彩带——毕节百里杜鹃（作者 摄）

落后、工业欠发达的地区。州内经济发展不够平衡，区域性差异较大。

3. 森林资源条件

（1）**森林面积**。2006年，黔东南州土地总面积303.37万公顷，其中林业用地220.38万公顷，占72.64%；非林地82.99万公顷，占27.36%。按照新标准计算，森林面积190.47万公顷，占林地面积的86.43%，森林覆盖率62.78%；按照森林法标准计算，林木绿化率面积202.29万公顷，占林地面积的91.79%，林木绿化率66.68%，四旁树占地面积4205.88公顷，占国土面积的0.14%。活立木总蓄积11084.7万立方米，其中森林蓄积10958.12万立方米，占98.86%。

林业用地面积构成，黔东南州林业用地分八大地类，面积共220.38万公顷，其中有林地183.45万公顷，占83.24%，其他占16.76%。详见表4–1和表4–2.

毕节百里杜鹃①（作者 摄）

表4–1 林业用地地类构成。

单位：公顷、%

地类	面积	百分比
有林地	1834503.27	83.24
疏林地	23138.96	1.05
灌木林地	184245.50	8.36
未成林造林地	62044.73	2.82
苗圃地	224.08	0.01
无立木林地	20647.55	0.94
宜林地	78896.83	3.58
辅助生产林地	105.53	0.00%
合计	2203806.45	100.00%

毕节百里杜鹃 ②（作者 摄）

毕节百里杜鹃 ③（作者 摄）

表 4–2 黔东南州各县市林业用地利用率情况

单位：公顷

统计单位	总面积	林业用地	林业用地比例 (%)	森林覆盖率(%)	林业用地利用率 (%)
黔东南州	3033710	2203806.5	72.64	62.78	86.42
榕江县	327847	256408.93	78.21	74.71	95.52
雷公山自然保护区	47792	44711.98	93.56	88.79	94.91
黎平县	443920	345392	77.81	71.89	92.40
锦屏县	159690	126407.84	79.16	72.01	90.97
从江县	324490	238850.88	73.61	66.68	90.59
凯里市	130590	73916.58	56.60	51.27	90.58
剑河县	211893	164162.37	77.47	67.7	87.38
丹寨县	93770	65757.94	70.13	60.31	86.00
麻江县	122220	74557.73	61.00	51.61	84.60
镇远县	187770	131339.37	69.95	57.77	82.59
天柱县	220110	162359.94	73.76	60.69	82.28
三穗县	103580	73757.13	71.21	56.8	79.77
雷山县	86058	60366.8	70.15	55.42	79.01
施秉县	154380	111521.92	72.24	54.48	75.42
台江县	104170	78033.24	74.91	56.19	75.01
岑巩县	148650	102059.27	68.66	50.93	74.18
黄平县	166780	94202.53	56.48	41.87	74.13

黔东南州的森林资源属以乔木林占绝对优势的资源。在林地中，乔木林面积181.58万公顷，占98.98%；竹林面积1.86万公顷，占1.02%。在乔木林资源中，如按二级地类分，乔木纯林面积152.95万公顷，占84.23%；乔木混交林面积28.63万公顷，占15.77%。下面按不同种类进行划分。

1）**乔木林**。按林种划分，林种面积183.45万公顷。其中，防护林面积51.74万公顷，占28.20%；特用林面积7.85万公顷，占4.28%；用材林面积98.81万公顷，占53.86%；薪炭林面积21.34万公顷，占11.64%；经济林面积3.71万公顷，占2.02%。

按龄组划分：幼龄林面积70.03万公顷，占38.57%；中龄林面积79.09万公顷，占43.55%；近熟林面积23.56万公顷，占12.98%；成熟林面积7.67万公顷，占4.22%；过熟林面积1.23万公顷，占0.68%。

按优势树种组划分：杉木面积69.65万公顷，占38.36%；马尾松、国外松面积41.55万公顷，占22.88%；硬阔类栲属及其他常绿阔叶面积19.42万公顷，占10.70%；阔叶混面积18.81万公顷，占10.36%；软阔及混交等类占38.76%。类（刺楸、桤木、朴树等）面积12.95万公顷，占7.13%；栎类面积6.96万公顷占3.83%，杂木面积3.31万公顷，占1.82%；柏木面积2.95万公顷，占1.63%；橘柑类面积1.16万公顷，占0.64%；梨桃类面积1.15万公顷，占0.63%；针阔混面积0.97万公顷，占0.54%；枫香面积0.85万公顷，占0.47%；油桐面积0.43万公顷，占0.24%；板栗面积0.38万公顷，占0.21%；针叶混面积0.26万公顷，占0.14%；果品树种面积0.18万公顷，占0.10%；其他树种面积合计0.58万公顷，占0.32%。

按起源分：人工乔木林面积101.26万公顷，占55.76%；天然乔木林面积80.33万公顷，占44.24%。

2）**竹林**。全州有大小径级不同的竹林1.86万公顷，1.029亿株。其中：楠竹面积、株数分别占总竹林的81.91%和50.57%。

按起源分：人工竹林面积1.49万公顷，占80.13%；天然竹林面积0.37万公顷，占19.87%。

世界银行贷款造林基地（单洪根 摄）

舞阳河风光（王敏 摄）

按林种分：防护林面积0.42万公顷，占22.6%；特种用途林面积0.04万公顷，占2.15%；用材林面积12.32万公顷，占66.11%；薪炭林面积0.017万公顷，占0.91%；经济林面积0.15万公顷，占8.21%。

3）**经济林**。全州有经济林6.59万公顷。按地类分：乔木林3.56万公顷，占53.95%；国家特别规定的灌木林3.03万公顷，占46.05%。按优势树种分，油茶2.64万公顷，占40.05%；橘柑类1.15万公顷，占17.48%；梨桃类1.15万公顷，占17.41%；油桐0.41万公顷，占6.31%；板栗0.38万公顷，占5.871%；茶叶0.31万公顷，占4.78%；果品树种0.18万公顷，占2.71%；其他果品树种0.12万公顷，占1.82%；杜仲0.045万公顷，占0.68%；核桃0.04万公顷，占0.65%；花椒0.03万公顷，占0.41%；银杏0.02万公顷，占0.30%；金银花0.014万公顷，占0.21%；黄柏0.013万公顷，占0.20%；厚朴0.01万公顷，占0.16%；蚕桑、漆树、盐肤木、枣、黄栀子、药用树种、食用油料树种、其他药用树种、苹果、肉桂等其他经济树种共0.06万公顷，占0.95%。

4）**灌木林**。全州灌木林地18.42万公顷，其中：国家特别规定的灌木林6.59万公顷，占35.80%；其他灌木林11.83万公顷，占64.20%。按起源分，天然灌木林地15.2万公顷，占84.50%；人工灌木林地3.22万公顷，占15.50%。各类型灌木林按覆盖度分：灌木型经济林疏覆盖度（30%～49%）1.16万公顷，占38.37%；中覆盖度（50%～69%）1.29万公顷，占42.63%；密覆盖度（大于等于70%）0.58万公顷，占19%；其他灌木林疏

镇远铁溪生态休闲度假山庄（作者 摄）

西南桦速生林基地（作者 摄）

覆盖度（30%～49%）6.31万公顷，占53.37%；中覆盖度（50%～69%）4.07万公顷，占34.40%；密覆盖度（大于等于70%）1.44万公顷，占12.23%。

（2）**森林活立木蓄积。**全州活立木总蓄积11084.7万立方米。其中，国有549.95万立方米，占4.96%；集体2400万立方米，占21.65%；个人8108.32万立方米，占73.15%；民营4.89万立方米，占0.04%；其他21.54万立方米，占0.20%。

活立木类型蓄积情况：乔木林地10958.12立方米，占98.85%；疏林地32.84立方米，占0.30%；四旁树51.98万立方米，占0.47%；散生木41.75万立方米，占0.38%。乔木林是第一大类。其中，乔木林各龄组蓄积情况：幼龄林蓄积1964.98万立方米，占17.93%；中龄林蓄积6016.12万立方米，占54.90%；近熟林蓄积2166.12万立方米，占19.77%；成熟林蓄积652.95万立方米，占5.96%；过熟林蓄积157.93万立方米，占1.44%。乔木林林种蓄积情况：防护林蓄积2464.91万立方米，占划分蓄积的22.43%；特用林蓄积536.41万立方米，占4.88%；用材林蓄积7436.34万立方米，占67.66%；薪炭林蓄积550.94万立方米，占5.01%；经济林蓄积2.35万立方米，占划分面积的0.02%。

（3）**森林资源权属。**黔东南州各类林地面积按土地所有权分国有和集体两种，林地使用权、林木所有权及使用权分国有、集体、个人、民营、其他（合股、合资、合作、联营等）5种。林地面积按土地所有权划分：国有63291.22公顷，占2.87%；集体

速生林（作者 摄）

千里苗疆门户三穗的永灵山甘霖寺（作者 摄）

2140515.23 公顷，占 97.13%。

林地的土地所有权以集体所有权为主。

林地面积按土地使用权属划分：国有 67915.72 公顷，占 3.08%；集体 654623.88 公顷，占 29.70%；个人 1479660.59 公顷，占 67.14%；民营 492.34 公顷，占 0.02%；其他 1113.92 公顷，占 0.05%。林地使用权中，个人使用权占主导地位。

森林蓄积权属：国有 549.95 万立方米，占 4.96%；集体 2400 万立方米，占 21.65%；个人 8108.32 万立方米，占 73.15%；民营 4.88 万立方米，占 0.05%；其他 21.54 万立方米，占 0.19% 见表 4–3。

表 4–3　林业不同地类不同权属构成

单位：公顷

权属	合计	乔木林地	竹林	疏林地	国家特别规定灌木林	其他灌木林	未成林造林地	苗圃地	无立木林地	宜林地	辅助生产林地
合计	2203806.5	1815865.17	18638.1	23138.96	65966.04	118279.46	62044.73	224.08	20647.55	78896.83	105.50
%	100.00	82.40	0.85	1.05	2.99	5.37	2.82	0.01	0.94	3.58	0.00
国有	67915.72	59927.06	384.04	500.77	985.02	2530.93	2148.31	110.72	652.77	579.49	96.61
%	100.00	88.24	0.57	0.74	1.45	3.73	3.16	0.16	0.96	0.85	0.14
集体	654623.88	530129.35	3657.28	5869.67	24342.45	38317.46	19782.53	68.38	8261.43	24186.94	8.39
%	100.00	80.98	0.56	0.90	3.72	5.85	3.02	0.01	1.26	3.69	0.00
个人	1479660.6	1224310.89	14596.78	16740.27	40638.57	77380.81	40086.14	44.98	11731.69	54129.93	0.53
%	100.00	82.74	0.99	1.13	2.75	5.23	2.71	0.00	0.79	3.69	0.00
民营	492.34	417.47		25.86		40.88	6		1.66	0.47	
%	100.00	84.79		5.25		8.30	1.22		0.34	0.10	
其他	1113.92	1080.4		2.39		9.38	21.75				
%	100.00	96.99		0.21		0.84	1.95				

（4）**森林资源质量。**乔木林单位面积蓄积量乔木林各地类：乔木纯林62.52立方米/公顷，乔木混交林48.70立方米/公顷。

施秉云台山发育成熟的喀斯特地貌（作者 摄）

乔木林林种单位面积蓄积量平均60.3466立方米/公顷。其中，防护林47.83立方米/公顷，特用林68.63立方米/公顷，用材林75.98立方米/公顷，薪炭林25.81立方米/公顷，经济林0.66立方米/公顷。用材林中，短周期工业原料林89.71立方米/公顷，速生丰产用材林88.65立方米/公顷，一般用材林66.08立方米/公顷。

乔木林起源单位面积蓄积量，天然45.51立方米/公顷，人工72.15立方米/公顷，飞播68.3立方米/公顷，见表4–4。

表4–4 乔木林不同起源不同龄组单位面积蓄积量

单位：公顷、万立方米

林种	合计		幼龄林		中龄林	
	面积	蓄积	面积	蓄积	面积	蓄积
小计	1815865	10958.12	700345	1964.98	790892	6016.12
天然	803268	3655.62	547563	1705.47	208366	1516.59
人工	1003498	7240.35	151403	253.25	578527	4470.14
飞播	9099	62.15	1379	6.26	3998	29.38

林种	近熟林		成熟林		过熟林	
	面积	蓄积	面积	蓄积	面积	蓄积
小计	235649	2166.12	76716	652.95	12262	157.93
天然	28728	247.61	12847	105.56	5762	80.38
人工	203591	1895.56	63695	546.08	6281	75.32
飞播	3330	22.95	173	1.32	218	2.26

锦屏新化油茶林（作者 摄）

用材林按地类分：有林地98.81万公顷，占98.58%；疏林地1.38万公顷，占1.38%；灌木林地0.03万公顷，占0.04%。按亚林种分：用材林合计面积98.81万公顷，合计蓄积7436.34万立方米。用材林近成熟林资源按龄级划分：Ⅰ龄级4.24万公顷，占4.35%；Ⅱ龄级13.56万公顷，占13.90%；Ⅲ龄级28.18万公顷，占28.88%；Ⅳ龄级27.53万公顷，占28.22%；Ⅴ龄级15.96万公顷，占16.36%；Ⅵ龄级5.55万公顷，占5.69%；Ⅶ龄级1.51万公顷，占1.55%；Ⅷ龄级以上1.03万公顷，占1.05%。按可及度划分：即可及8.86万公顷，占36.57%；将可及13.7万公顷，占56.50%；不可及1.68万公顷，占6.93%。按径级划分：用材林近成过熟林共有林木株数1.83亿株。其中，小径组1823万

（5）林种区划。

1）林种结构。防护林51.73万公顷，占28.20%；特用林7.85万公顷，占4.28%；用材林98.81万公顷，占53.86%；薪炭林21.34万公顷，占11.64%；经济林3.71万公顷，占2.02%；林种结构比例为：防护林、特用林、用材林、薪炭林、经济林=14.0∶2.1∶26.6∶5.8∶1.0。

2）各林种构成特点。防护林按地类分：防护林中有林地51.74万公顷，占82.65%；疏林地0.84万公顷，占1.34%；灌木林地10.02万公顷，占16.01%。按亚林种分：水源涵养林11.03万公顷，占21.32%；水土保持林39.16万公顷，占75.69%；护岸林0.47万公顷，占0.92%；护路林0.36万公顷，占0.69%；其他防护林0.72万公顷，占1.38%。

锦屏天龙山野生山核桃林（单洪根 摄）

株，占 9.96%；中径组 16147 万株，占 88.23%；大径组 314 万株，占 1.73%；特大径组 17 万株，占 0.01%。

经济林按地类分：有林地 3.71 万公顷，占 54.97%；疏林地 0.003 万公顷，占 0.045%；灌木林地 3.03 万公顷，占 44.98%。按亚林种分：果品林 3.05 万公顷，占 82.35%；食用原料林 0.02 万公顷，占 0.58%；林化工业原料林 0.41 万公顷，占 10.99%；药用林 0.07 万公顷，占 1.87%；其他经济林 0.16 万公顷，占 4.21%。

习水丹霞地貌景观（作者 摄）

特用林按地类分：有林地 7.85 万公顷，占 93.91%；疏林地 0.03 万公顷，占 0.37%；灌木林地 0.48 万公顷，占 5.72%。

薪炭林中有林地 21.34 万公顷，占 81.29%；疏林地 0.05 万公顷，占 0.20%；灌木林地 4.86 万公顷，占 18.51%。

（6）森林分类经营区划。森林类别划分为生态公益林和商品林两大森林类别。全州 220.38 万公顷林业用地中：生态公益林（地）77.69 万公顷，占 35.25%；商品林（地）142.69 万公顷，占 65.75%。

1）生态公益林（地）。生态公益林（地）中：有林地 59.59 万公顷，占 76.70%；疏林地 0.87 万公顷，占 1.12%；灌木林地 10.49 万公顷，占 13.51%；未成林造林地 2.91 万公顷，占 3.74%；无立木林地 0.85 万公顷，占 1.09%；宜林地 2.97 万公顷，占 3.83%。其中，重点公益林（地）。有林地 34.91 万公顷，占 75.43%；疏林地 0.52 万公顷，占 1.13%；灌木林地 6.85 万公顷，占 14.81%；未成林造林地 1.91 万公顷，占 4.14%；苗圃地 0.004 万公顷，占 0.01%；无立木林地 0.48 万公顷，占 1.03%；宜林地 1.6 万公顷，占 3.45%；辅助生产林地 0.002 万公顷，占 0.004%。

一般公益林（地）。有林地 24.68 万公顷，占 78.57%；疏林地 0.35 万公顷，占 1.11%；灌木林地 3.64 万公顷，占 11.59%；未成林造林地 0.99 万公，占 3.16%；苗圃地 0.002 万公顷，占 0.01%；无立木林地 0.37 万公顷，占 1.18%；宜林地 1.37 万公顷，占 4.38%。

2）商品林（地）。商品林（地）有林地

黎平肇兴侗寨（莫章海 摄）

123.82万公顷，占86.81%；疏林地1.44万公顷，占1.01%；灌木林地7.92万公顷，占5.56%；未成林造林地3.29万公顷，占2.312%；苗圃地0.02万公顷，占0.01%；无立木林地1.21万公顷，占0.85%；宜林地4.91万公顷，占3.44%；辅助生产林地0.01万公顷，占0.01%。

按林地使用权分：国有3.04万公顷，占2.13%；集体33.41万公顷，占23.42%；个人106.08万公顷，占74.35%；民营0.05万公顷，占0.03%；其他0.1万公顷，占0.07%。

（7）森林资源动态变化。林地面积变化。全州林业用地220.38万公顷，比1993年200.87万公顷增加19.51万公顷。主要变化的原因是，全州退耕还林增加了面积。由于森林资源调查前后手段不同，在利用卫星影像图进行现地区划后，使区划的地类更细更准；有林地183.45万公顷，比1993年125.53万公顷增加57.92万公顷。有林地增加的原因是，1990～2005年全州累计造林65万公顷；累计封山育林70.3万公顷；疏林地2.31万公顷，比1993年3.54万公顷减少1.22万公顷，疏林地减少的原因是对疏林地进行了改造或封山育林。

活立木蓄积变化：1993年5057.79万立方米，2005年11084.7万立方米，比1993年增加6026.91万立方米。其中，乔木林蓄积1993年4964.89万立方米，

剑河县久吉苗寨（莫章海 摄）

森林环绕的三板溪水库（单洪根 摄）

2005年10958.12万立方米，比1993年增加5993.23万立方米；疏林蓄积，1993年18.48万立方米，2005年32.84万立方米，比1993年增加14.36万立方米；散生木蓄积，1993年59.1万立方米，2005年41.75万立方米，比1993年减少17.34万立方米；四旁树蓄积，1993年15.32万立方米，2005年51.98万立方米，比1993年增加36.66万立方米。

森林覆盖率动态变化。据2005年调查数反映，全州森林覆盖率为62.78%，较1991的47.17%增加了15.61个百分点。其主要原因是：时间前后期相距14年，林业生产处在大规模营造、对森林大力度保护和禁伐限伐的恢复时期。1991～2000年全州已造林49.73万公顷；封山育林57.33万公顷。2001～2005年实施林业重点工程（天然林资源保护工程、防护林工程、退耕还林等），全州已造林13.28万公顷；封山育林10.77万公顷。全州统计2001年至2005年五年平均值与1996～2000年平均值比较，减少采伐森林17.28万立方米，相当于每年减少采伐森林面积0.16万公顷。

森林资源质量变化。乔木林单位蓄积量60.35立方米／公顷，比上期调查值（41.80立方米／公顷）增加18.55立方米／公顷。

用材林龄组结构变化。上期幼龄林、中龄林、近熟林、成熟林、过熟林的面积比例为26.1：15.1：3.7：2.1：1.0，到2005年，幼龄林、中龄林、近熟林、成熟林、过熟林的面积比例为35.1：100.4：35.0：8.8：1.0。从龄组结构看出，上期幼龄林所占比例最大，而本期中龄林比例最大，龄组结构的变化反映了幼龄林、未成林造林地正进入中龄林。上期幼龄林、中龄林比例较大，近、成、过熟林比例较小，能利用的资源不多；本期幼龄林、中龄林、近熟林三个龄组面积比例较大，尤其以中龄林比例最大，是幼龄林、近熟林的近3倍，是成熟林的11倍，显示后备资源充足。

乔木林树种（组）结构。在本期调查

盛开的三角梅花（作者 摄）

天柱邦洞侗族敬奉的红豆杉（作者 摄）

树种中，柏木、杉木、针叶混、针阔混面积都出现了较大幅度的增长，蓄积除阔叶混外都出现增长。其原因主要是，前后期营造了大量的杉木人工林，杉木、针叶混、针阔混林分面积增加。

森林生态环境质量变化。全州森林群落中，原始或次生的森林群落较少（Ⅰ、Ⅱ级，仅占林业用地的6.85%），森林群落以人工林为主（Ⅲ、Ⅳ级，占林业用地的93.15%），森林处于演替的较低阶段，森林对生态环境质量的贡献率还有很大潜力，天然林保护与培育仍是一项艰巨而长期的工作。

森林健康度。全州森林的健康度Ⅰ级占了96.44%。主要得力于得天独厚的自然环境优势和主要栽培具有较强适应能力的乡土树种。

森林生态功能等级。全州森林生态功能等级质量不高，达到Ⅰ级仅占3.08%；Ⅱ级占23.79%；Ⅲ、Ⅳ级占73.13%。说明全州树种单一、林相单一的林分占的比重较大。森林生态功能等级偏低，将降低森林对生态多样性环境、国土安全的防护功能。

森林景观等级。全州森林景观等级偏低。Ⅰ级仅占1.02%；Ⅱ级占5.32%，Ⅲ、Ⅳ级占92.66%。全州单一树种、单一林相的森林占的比重非常大，可观赏性差。着力于培育森林景观等级高、生态功能等级高的森林应作为长期发展战略。

(8) 森林资源评价。

1）森林资源种类评价。林种结构不合理，经济林比重偏低。按乔木林面积比重，防护林占28.20%、特用林占4.28%、用材林占53.86%、薪炭林占11.64%、经济林占2.02%。

树种结构向杉木、马尾松偏倚，珍稀

古茶树（作者 摄）

知名专家余秋雨给黔东南州县领导干部作原生态讲座（作者 摄）

种质资源得不到应有的发展。

树种资源较为单一，以杉木、马尾松（国外松）为主占乔木林面积61.24%；用材林树种过余单一。黔东南丰富的种质资源得不到应有发展和保护。加大乡土树种、珍稀树种保护、利用和培育是全州林业工作的重点之一。

龄组结构不合理，后备资源丰富，近期可利用资源严重不足。在乔木林用材林面积中，Ⅰ龄级占4.36%、Ⅱ龄级占13.90%、Ⅲ龄级占28.88%、Ⅳ龄级占28.22%、Ⅴ龄级占16.36%、Ⅵ龄级占5.69%、Ⅶ龄级占1.55%、Ⅷ龄级占1.05%。幼龄林、中龄林面积基数大，近、成熟面积少，近期可利用资源严重不足。

2）森林资源分布评价。通过调查3551个村级单位（行政村、居委会、农场、林业专场圃等）森林资源的分布如下。

林业用地占国土面积比例小于等于50%以下的村级数仅占12.81%，大于50%的占87.19%，其中大于60%的占74.71%。

森林覆盖率小于等于20%占总村级单位4.53%；20%～30%占6.08%；31%～60%占38.24%；61%～80%占39.24%；大于81%占11.91%。森林覆盖率大于30%的村级数占89.38%。

杉木面积占林业用地面积比例在50%以上的村级单位占48.52%；马尾松（包括国外松，下同）只占11.72%；杉木、马尾松占50%以上的村级数共1386个，占19.52%，这部分村是树种结构调整的重点。

3）森林资源质量评价。单位面积蓄积量明显偏低。乔木60.34立方米/公顷，其中纯林62.52立方米/公顷；混交林

岑巩龙鳌河风光（王敏 摄）

台江红阳草场（莫章海 摄）

48.7 立方米／公顷。

用材林中，短周期工业原料林 89.71 立方米／公顷；速生丰产用材林 88.6572 立方米／公顷；一般用材林 66.08 立方米／公顷。全州单位面积产量分别只占世界的 60.34% 和全国的 71.83%。

4）森林资源综合评价。黔东南林业用地比重大，利用程度高，森林覆盖率高且分布较广；森林面积、森林覆盖率、森林蓄积已有较大幅度的提高，为全州生态、社会、经济建设储备了丰富的环境资源和经济资源基础。

但森林面积结构、林种结构、树种结构、龄组结构不合理，难以保证森林生态环境保护的良好效果、难以保证蓄积量的最大化，森林环境质量也不容乐观。宜扬长避短，着力于保护森林资源、开展森林结构调整，提高森林内部质量和环境质量，建立完备的林业生态体系、发达的林业产业体系和繁荣的林业文化体系[14]。

4. 人力资源条件

黔东南州林业管理机构健全，经营管理体系基本形成，有丰富的人力资源。2010 年末，黔东南州有林业行政机构 32 个，林业事业机构 372 个。林业企业 23 家。全州林业职工 7087 人。其中，16 个县市 6349 人，州林业局 30 人，州局直属 8 个事业单位 263 人，州局直属 6 家森工企业单位 445 人。2005 年全州林业职工总数中，在职 4832 人，大专以上文化 1337 人，中专 1499 人；在职干部中获高级职称 31 人，其中自然科学 24 人，社会科学 7 人；获中级职称 280 人，其中，自然科学 219 人，社会科学 61 人。在职工人中获高级职称 447 人，中级 833 人，[15] 见表 4–5。

大山深处的台江苗族红阳寨门楼（作者 摄）

2010 年黔东南州林业系统结构图

自治州林业局

- 直属单位
- 内部机构
- 县（市）林业局

内部机构

办公室
政策法规（宣传）科
离退休干部科
产业科
植树造林科（州绿化委员会办公室）
森林资源和林政管理科
纪检监察审计室
机关党委
工会
妇女委员会
计划财务科
人事教育科

直属单位

雷公山自然保护区管理局
州森林公安局（森林防火指挥部办公室）
州林业调查规划设计院
州林场
州种苗与科技推广站（林木种苗质量监督检验站）
州世界银行贷款造林办公室（州营林总站）
州森林植物检疫防治站
州林工商公司
州林地林木权属纠纷调处办公室
州林业要素市场管理中心
州森林资源管理站
州林业集团总公司
州林业科学研究所
州木材检查站
州林业工程公司
州凯里木材厂
州林业汽车运输公司
州人造板公司
州羊坪林产品贮运经销公司

县（市）林业局

凯里市林业局
锦屏县林业局
天柱县林业局
黎平县林业局
黄平县林业局
从江县林业局
施秉县林业局
榕江县林业局
镇远县林业局
台江县林业局
岑巩县林业局
雷山县林业局
三穗县林业局
丹寨县林业局
剑河县林业局
麻江县林业局

表 4-5　黔东南州 1988 ～ 2010 年林业职工年末人数统计

单位 人数（人） 年份	合计	凯里市	麻江县	丹寨县	雷山县	黄平县	施秉县	镇远县	岑巩县	三穗县	天柱县
1988	8404	118	179	67	143	202	196	196	161	172	806
1995	10995	45	186	217	224	260	177	225	156	307	954
2000	9692	46	101	158	158	267	145	251	157	287	772
2005	7223	83	92	204	121	318	174	217	130	320	450
2010	7087	80	89	186	124	299	176	171	121	312	360

（续）

单位 人数（人） 年份	锦屏县	黎平县	从江县	榕江县	剑河县	台江县	凯里经济开发区林业站	州林业局	州森林公安局	雷公山保护区	州检疫站	州种苗站州科技推广站	州世行办
1988	1158	1350	690	758	387	175	–	90	–	98	–	–	–
1995	1734	1776	821	966	741	315	–	77	–	126	–	–	7
2000	1641	1539	540	1076	505	332	–	35	–	113	6	9	12
2005	650	1740	381	832	290	330	2	30	7	97	7	7	11
2010	562	2145	293	854	257	315	5	30	14	85	7	8	11

（续）

单位 人数（人） 年份	州林科所	州林场	州林业规划院	州木材检查站	州林校	州森工技校	州林木林地调处办	州森林资源管理站	州林业要素市场中心	州林业发展改革办	州城镇园林绿化办	凯里木材厂	州林业汽车运输公司	州木材公司	州元森林场	州林业工程公司	凯里林产品贮运经销公司	羊坪林产品贮运经销公司	凯里氧化铝厂	州林业集团总公司
1988	37	60	44	26	51	50	–	–	–	–	–	360	389	45	–	78	194	124	–	–
1995	38	57	47	24	122	×	–	–	–	–	–	438	358	75	–	76	156	116	174	–
2000	29	57	39	35	109	×	–	–	–	–	–	435	324	72	17	88	×	110	273	–
2005	27	57	35	33	×	×	–	–	–	–	–	412	82	22	3	24	×	15	×	–
2010	35	43	37	12	×	×	2	2	3	–	–	311	55	25	×	21	×	31	×	2

核桃林（作者 摄）

二、林业发展的现状及特征

1. 林业生态建设成效显著

从 20 世纪 80 年代中期开始，在全州实施世行贷款造林项目，投资 2.3 亿元，完成高标准、高质量世行贷款造林面积 114 万亩，兴建速生丰产林基地 457 万亩。1996 年全州提前 4 年实现基本绿化荒山的目标，丹寨、榕江、黎平、剑河等县荣获“全国造林绿化百佳县”称号。“十五”期间，按照国家林业局的部署，在全州实施以天然林保护、退耕还林为重点的林业生态建设工程，国家先后投资 9.6 亿元，完成人工造林和封山育林 351 万亩，使 2000 多万亩的有林地、灌木林地和未成林造林地得到了有效保护，通过天然林禁伐，森林资源得到了休养生息；25 度以上的坡耕地和脆弱地区的生态环境得到了有效治理。“十五”以来，国家林业局在黔东南州实施建设生态工程规模之大、投资之多、速度之快、影响面之深、成效之显著，在黔东南州林业建设史上都是空前的。经过长期的不懈努力，林业生态建设取得了突破性进展。据 2006 年第三次森林资源二类调查结果：全州有林地面积已达 183.45 万公顷，比 1985 年净增 118.15 万公顷；活立木蓄积量达 1.1 亿立方米，比 1985 年净增 6211 万立方米；森林覆盖率达 62.78%，比

锦屏县利用世行贷款营造的秀洞坡杉林（王明相 摄）

1985 年净增 39.08 个百分点。森林资源的三大指标持续实现同步增长，达到了黔东南州历史的最高水平。此外，森林、野生动植物保护成效显著，已建自然保护区（点）23 个，其中国家级保护区 1 个，州级保护区 9 个，县级保护区 13 个。自然保护区面积 337.68 万亩，占全州土地面积 7.4%。

2. 林业产业发展态势良好

在大力抓好生态建设与保护的同时，黔东南州加大了林业产业结构调整力度，大力发展林业产业。根据国家产业政策、市场走向、区域条件、资源状况以及经济技术基础、进一步弄清了自身的比较优势，选准主攻方向，突出主导产业，创造拳头产品，形成各具特色的发展格局。首先是重点开发以名特优新经果林、森林药材和生态旅游等绿色产业，有效地调整了重用材林、轻经济林的旧格局。目前，全州已建成优质果品、笋竹、中药材、优质茶叶林等各类经济林基地 13.76 万公顷，名、特、优、新经济林已成为农民增收致富的一条重要途径。在国家林业局的大力支持下，黔东南州先后建立了 3 个国家级森林公园，5 个省级森林公园。良好的生态环境和优美的森林景观，有力地支撑了舞阳河山水风光名胜古迹、雷公山苗族文化原生态、黎从榕侗族文化原生态三条旅游精品线路的形成和发展，构成了贵州东线旅游奇葩，提升了旅游产品原生态品位，丰富了旅游业内涵，促进了旅游经济发展。2008 年全州接待国内外游客 884 万人次，比 2007 年增长 36%，实现旅游收入 60.7 亿元，增长 27%。其次是新建了一批有规模、上档次的林产工业项目。产品从原木、锯材为主，发展到以生产纤维板、细木工板等人造板及林化、林药、高档家具、森林食品、果品等系列产品为主。实施天然林保护工程之后，大幅调减商品材指标，使地方财政和林农收入一度面临严峻局面。由于及时调整林业发展战略，由过去以生产木材为主向多种经营转变，林业产业结构发生了深刻变化，丰富的森林资源已逐步变成强劲的经济优势。2008 年，全州林业生产总值达 35 亿元，是 2001 年 3.02 亿元的 11.6 倍。作为黔东南农村经济的一项重

三穗邛水河畔北侗建筑风格的锦绣山庄（作者 摄）

1993 年由杨正明同志率队蹲点开始创办的锦屏龙池万亩果场（杨胜屏 摄）

要支柱产业，林业产业在解决“三农”问题中起到了重要作用。

从 20 世纪 80 年代中期开始，全国兴起大种果树的热潮。在这种形势下，全州的果树种植由零星分散种植向商品生产基地发展。到1990年，全州有果园0.46万公顷，总产量 1.19 万吨；1996 年有果园 0.78 万公顷，总产量 3.85 万吨。从 1990 年～ 1996 年果树面积年均增加 0.78 万亩。

1996 年 11 月，州委、州政府决定用 3 ～ 5 年的时间把黔东南全州建设成为优质果品基地，鼓励林业部门和机关干部职工带薪带职领办果园。此后，优质果品基地建设在全州各县市普遍发展。1997 年底，全州有果园面积 2.57 万公顷。2000 年以后，全州掀起了果品基地造林高潮。特别是从江、榕江、台江、锦屏等县果品基地建设推进较快。如锦屏县采取“公司 + 林场 + 农户”的模式，把果品造林任务分配给乡村林场。县政府采取“以苗代补，见效还本”的做法，规定以农户投入为主体，组建产权清晰，责权利明确新型股份合作果园（场）2056 个，加快了优质果品基地建设步伐。到 2001 年底，全县栽植“杉乡”牌椪柑面积 0.18 万公顷，其中连片面积 100 亩以上的果品基地有龙池万亩果场、龙井果场、金榜果场、金星果场、兴隆林场、兴源林场、大坡果场、大道果场、兴

锦屏文斗苗寨千年古银杏树（单洪根 摄）

振林场、双溪果场、康庄果场等12片基地，总面积0.09万公顷，占全县椪柑面积的49.6%。其中，龙池万亩果场始建于1993年，是灭荒绿化达标之后实施结构调整的示范基地，连片经营面积0.1万公顷，全部采用深沟撩壕方式高标准、高起点建园。果场下设17个分场，共有生产场员1050人，栽植椪柑（8306品系）48.86公顷，金秋梨233.3公顷。该场成为全州集中连片规模最大的果场，也是贵州省最大的果场。2009年产鲜果2.17万吨，产值1740万元，实现果农户均年增收2180元。龙池万亩果园，辐射周边乡镇农户，每年为当地群众解决2200个劳动力就业，带动当地果树种植、加工和运输等相关产业的发展，果品销售收入已占到家庭收入的60%以上。2009年11月该场被农业部列为“国家农业部贵州省标准果园”。

到2002年，全州累计优质果园面积达到5.03万公顷。当年，全州各县市利用实施退耕还林政策，发动群众大种果树，较好地解决了退耕还林的后续产业问题。这项政策深受农民欢迎，形成了从江椪柑、榕江脐橙、台江金秋梨、麻江蓝莓、锦屏和黎平山核桃等优质果品品牌。2008年，全州优质果品面积达5.14万公顷，产量达到34468万千克。其中，柑橘2.17万公顷，梨1.33万公顷，杨梅0.25万公顷，枇杷0.08万公顷，板栗0.66万公顷，桃0.18万公顷，葡萄0.11万公顷，李子0.18万公顷，其他0.26万公顷[16]。

此外，2000年以后，黔东南州内楠竹、油茶等传统经济林也得到恢复和发展。2000～2005年，全州通过退耕还林、世界银行贷款造林、农业综合开发、重点生态综合治理、长江防护林、珠江防护林、坡改梯等项目的实施，累计完成竹林造林3.65万公顷。

20世纪80年代，全州成片的油茶林有8.67万公顷，各县市都有分布。主要分布在天柱、锦屏、从江、榕江、镇远、岑

从江加鸠乡加水村侗乡风光（翟向东 摄）

巩等县。因林业政策偏向用材林，茶山逐渐疏于管理，许多茶山遭到砍伐。1980 年黄平谷陇一带的油茶林被附近村民当薪材哄抢砍伐，高峰时每天达到几百人。1993 年，全州成片的油茶山有 3.73 万公顷。其中，天柱 1.21 万公顷，锦屏 0.34 万公顷，黎平 0.93 万公顷，从江 0.35 万公顷，其他县 0.87 万公顷。

1996 年，黔东南州委、州政府在造林灭荒达标之后，提出调整林种结构，恢复建立油茶林基地。1996 年，各县市把保住现有油茶林不再遭到破坏作为当务之急。2002 ~ 2004 年，锦屏县在新化乡开展油茶低产林改造试点，完成 556 亩，之后向各县展开。2007 年，全州完成油茶造林 273.3 公顷。2009 年，油茶林基地完成造林 700 公顷[17]。

封山育林方面。1990 年，全州把封山育林新增森林面积作为灭荒绿化的重要工作来抓。1992 ~ 1995 年，每年新完成封山育林在 6.6 万公顷以上。从 1999 年起，全州的封山育林纳入天然林保护工程、退耕还林等重点工程建设。

2005 ~ 2008 年全州封山育林分别完成 1.53 万公顷、2.22 万公顷、1.32 万公

雷公山箭竹园景区（作者 摄）

贵州黔北生态民居（作者 摄）

顷、2.34万公顷。其中，珠江防护林工程封山育林0.07万公顷，退耕还林封山育林0.57万公顷，天然保护林工程封山育林0.71万公顷，绿色通道工程封山育林0.05万公顷，植被恢复等项目封山育林0.1万公顷[18]。

3. 林业生态文化体系建设稳步推进

黔东南丰富的森林资源、独特的森林景观和深厚的民族文化形成了黔东南独特的生态文化。近年来，黔东南州积极挖掘生态文化，通过生态文化建设，在州内形成了自然景观、生态环境与原生态的民族文化在时间和空间上的高度统一。在苗族、侗族等少数民族中，人们依赖森林，培育森林，经营木材，创造了灿烂的生态文化。苗族村寨古朴典雅，以吊脚楼和美人靠为特色。房屋多依山而建，古树参天，浓阴掩映，环境幽雅。侗族村寨以鼓楼、花桥为特色，充分显示了侗族生态古建筑的艺术特色。锦屏、天柱等清水江中下游地区民间对杉木的崇拜、锦屏瑶光苗族人民

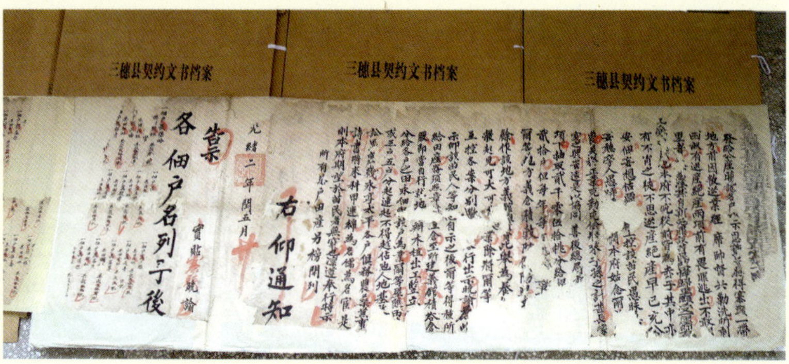

三穗档案局收藏——锦屏文书《林业契约》（作者 摄）

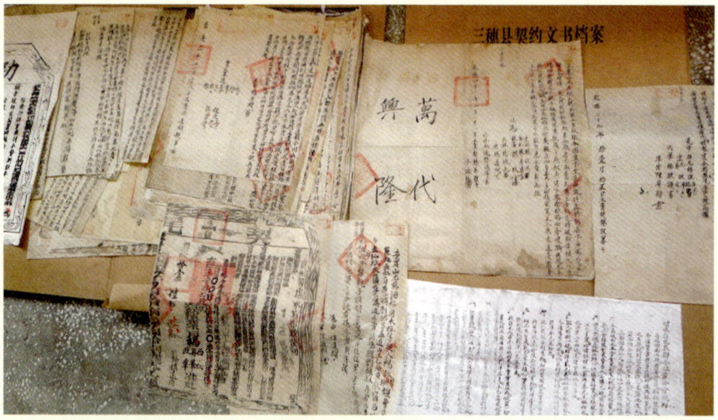

三穗档案局收藏——待收集整理的锦屏文书《林业契约》（作者 摄）

对枫木的崇拜、从江岜沙苗族人民崇拜树木的思想观念，是人与自然和谐相处的典范。通过不断挖掘和宣传黔东南州的生态文化，促进了黔东南州经济社会的发展。

天柱、锦屏、剑河、台江、黎平等清水江中下游是我国南方著名的人工林区，其林业已有500多年的发展历史。早在明代中期，锦屏、天柱等地人民即已习惯了山田互补、林粮间作的生产方式。到了清代雍乾时期，锦屏的林业已是十分繁荣，形成了一种较为成熟的林业生产关系。山林土地权属转让频繁，木材贸易和人工造林已成了锦屏地区人民赖以生存和发展的支柱产业，人工造林技术已相当成熟。从事造林的不但有本地侗族、苗族人，也有来自湖南、江西、江苏、福建等地的汉族人。相应地产生了大量的山林权属买卖转让和佃山造林及山林管理的契约文书。据初步调查，目前锦屏县农村大多数农户都还保存有旧契约文书，多的上千份，少的也有数十份，全县民间保存的各种契约等文献资料达10万份。

锦屏契约是十分珍贵的林业历史文献资料，弥补了我国经济发展史上少数民族地区缺少封建契约文书和我国经济发展史上缺少反映林业生产关系历史文献的两项空白。2010年，国家林业局从林业体制改革、林农致富、林业可持续发展的高度对“锦屏文书”（林业契约）作了高度的评价：“贵州省锦屏县解放以前因为有林契，形成了稳定的山林权属关系和法则机制，森林经营管理得很好。老百姓年年砍树，年年种树，树越砍越多，就像年年宰猪年年养猪，猪越宰越多一样。民间

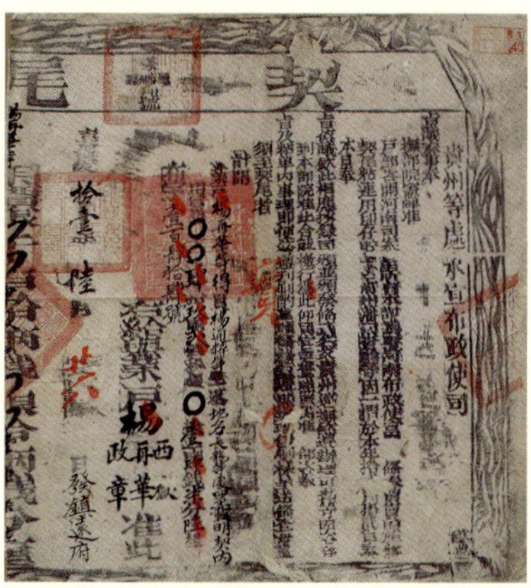

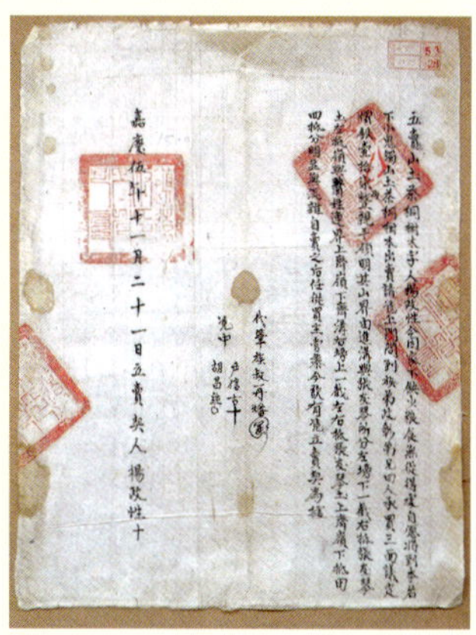

三穗档案局收藏——锦屏文书《林业契约》（作者 摄）

2010 年开工建造的林业契约（锦屏文书）特藏馆（锦屏档案局提供）

流传一句话：‘杀不完的猪，砍不完的树’。这足以说明，改革彻底了，产权落实到位了，老百姓把这当做一项产业来发展了，经营管理的积极性充分调动起来了，他们就会千方百计去种树，想方设法去发家致富，林子就越来越多，林业发展前景就越来越好[19]。”在契约文献中，大量记录和反映清代锦屏林区山林土地流转、佃山造林、林农股份合作造林、青山（活立木）买卖、山林管护等林业生产形式，对当今的林业体制改革和生态环境建设有着重要的参考价值。同时，对林学、民族学、社会学、人类学、民族法学、档案学等学科都具有较高的学术价值。

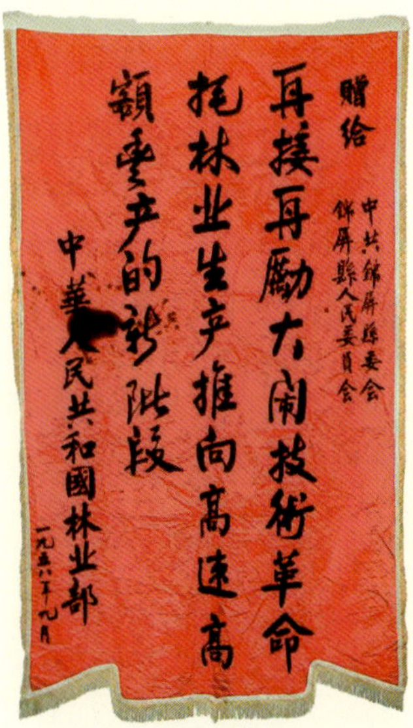

国家林业部授予锦屏县的奖旗

（单洪根 摄）

锦屏等县民间散留的林业契约（锦屏文书），是继“徽州文书”以后，我国地方文献的一大发现。目前，黔东南州正在积极开展林业契约的挖掘、抢救、收集和研究工作，已在锦屏、剑河、天柱、黎平等县市收集林业契约 10 万余份，为建立黔东南州林业生态博物馆奠定了基础，为深入、系统地研究黔东南州林业发展历史，传承、弘扬林业生态文化，设立了生态文化建设研究课题，收录 1 万余份的大型资料图书《清水江文书》、《贵州清代清水江契约文书汇编》、《文斗姜元泽家契约文书汇编》等先后出版发行。清水江“锦屏文书特藏馆、木商文化遗产博览园建设项目”已列为重点建设项目，为建立和完善黔东南州森林文化体系奠定了的基础。

通过不断地挖掘和整理，黔东南州清水江、都柳江边灿烂的古代林业文明，众多的林业遗址、遗迹和文物重新展现在人们面前，使森林哺育人类，人类呵护森林在人们心中留下了深深的印记，繁荣了黔东南州的森林生态文化。

三、林业在经济发展中的贡献

1. 改善生态环境

森林不仅为人类社会提供木材和各种林副产品，同时具有涵养水源，保持水土，调节气候，抵御水、旱、风等自然灾害和改善生态环境的重要作用。

黔东南州境内的河流分属两个水系，苗岭以北的清水江、舞阳河属长江水系，苗岭以南的都柳江属珠江水系，分别为长江、珠江的支流源头，生态地位十分重要。黔东南州地处云贵高原向低山过渡阶地带，有白云质砂石山分布，岩溶化比较严重，石漠化面积 6.29 万公顷，占林地的 2.9%，生态系统脆弱。同时，由于以山地、丘陵为主，沟壑纵横，地形起伏较大，地形地势多样，特别是良好的气候和水文条件，为各种森林植物和野生动植物的栖息、生长与繁育提供了良好的生态环境，构成了各种各样的生物生态系统。生物系统的多样性决定了生物物种的多样性和生物基因的多样性。

黔东南州现有森林面积 220.38 万公顷，森林覆盖率 62.78%。按每公顷森林每年蓄水 375 立方米计，森林每年可蓄水 82642.7 万立方米；按每公顷森林每年可保土 60 吨计，现有森林每年可保土 13222.8 万吨。现有森林资源维护着长江中下域的河流、农田、城镇、交通等的生

清水江畔从江渡口（张柯江 摄）

雷公山自然保护区猕猴（单洪根 摄）

国家二级保护动物穿山甲（单洪根 摄）

态安全，对降低洞庭湖的水位压力、减轻自然灾害、促进农业稳产高产、改善生态环境等起着生态屏障的作用。

2. 保护生物多样性

黔东南州内生物资源十分丰富，种类多样。全州土地面积占贵州全省土地面积的17.2%。种子植物种类占贵州全省种子植物种类的32.7%；陆生野生动物种类占贵州全省的44.2%；受国家重点保护的陆生野生动物种类占贵州全省的36.8%。是国家特有动植物种的中心保护区之一，也是世界生物多样性热点地区。因此，作为陆地生态系统的主体，黔东南林业在物种多样性的保护上起到了决定性的作用。

（1）植物。从全州林业部门提供的资料可知，截至2005年底，黔东南州植物资源包括种子植物、蕨类植物和苔藓植物三大种类。

1）种子植物。共有种子植物189科785属2346种。其中，木本植物117科418属1585种，草本植物有86科367属761种。

木本植物中，乔木树种824种，灌木

雷公山迎春花（单洪根 摄）

树种761种。属国家保护树种共39种，其中，Ⅰ级保护的珍稀树种有伯乐树、红豆杉、南方红豆杉、异型玉叶金花4种；Ⅱ级保护珍稀树种有秃杉、篦子三尖杉、翠柏、福建柏、广东松、黄杉、柔毛油杉、香榧、十齿花、半枫荷、喙核桃、香樟、闽楠、桢楠、格木、花榈木、任豆、鹅掌楸、厚朴、凹叶厚朴、圆叶玉兰、香木莲、云南拟单性木莲、峨眉含笑、观光木、水青树、喜树、长穗桑、普洱茶、巴戟天、马尾树、伞花木、黄檗、榉树等35种。贵州省重点保护的树种有长苞铁杉、铁杉、三尖杉、穗花杉、领春木、红花木莲、檫木、川桂、紫楠、华南桦、中华猕猴桃、春钱柳、银鹊树、马蹄参、白辛树、木瓜红、青檀、光叶榉等18种。

草本植物中，属国家Ⅱ级保护珍稀植物有八角莲、绞股蓝、背蛇生（朱砂莲）、姜状三七、野大豆、黄连等。列入濒危野生动物植物种国际贸易公约附录的有兰科的天麻、春兰、蕙兰、虾脊兰等32种。

2）蕨类植物。蕨类植物共有65科146属512种。属国家Ⅰ级保护的珍稀植物有桫椤1种，国家Ⅱ级保护的珍稀植物有金毛狗、水蕨等2种。

80年代清水江上松木制造的运输船（作者 摄）

3）苔藓植物。苔藓植物共有48科107属401种。

此外，还有大型真菌4纲44科367种。

（2）野生动物资源。黔东南州内野生动物资源包括脊椎动物和森林昆虫。

1）脊椎动物。全州共有脊椎动物5纲31目104科557种。属国家Ⅰ级保护珍稀动物有5种、国家Ⅱ级保护珍稀动物有41种。脊椎动物中，鸟类共有13目37科217种、国家Ⅰ级保护珍稀动物有白颈长尾雉1种；国家Ⅱ级保护珍稀动物有鸳鸯、凤头鹃隼、鸢、赤腹鹰、雀鹰、松雀鹰、普通鵟、红隼、秃鹫、白尾鹞、鹊鹞、燕隼、白鹇、红腹锦鸡、褐翅雅鹃、草鸮、领角鸮、雕鸮、领鸮、灰林鸮、白冠长尾雉、斑头鸺等23种。

哺乳类共有8目25科96种，国家Ⅰ级保护动物有云豹、豹、华南虎3种；Ⅱ级保

榕江车江古榕树（单洪根 摄）

2）**森林昆虫**。森林昆虫类有森林昆虫16目153科1299种[20]。

3. 促进山区经济发展

黔东南州山地面积占总面积的87%，是一个“八山一水一分田”的典型山区。由于受自然条件的制约，种植业产量低，效益差，农业生产落后，农民生活困难。然而，全州森林资源丰富，林地面积大，全州林地面积220.38万公顷，农业人口人均占有林地面积10.9亩（耕地仅0.68亩），发展林业有着丰富的物质基础和较大的潜力。在森林资源中，蕴藏着丰富的林下资源，如野生菌、中草药和中山花卉等。2008年，林业生产总值为35亿元，林业经营一直是山区群众的重要经济

护动物有林麝、猕猴、藏酋猴、穿山甲、豺、黑熊、青鼬、水獭、大灵猫、小灵猫、斑灵狸、金猫、毛冠鹿、羚、斑羚等15种。榕江县1956年虎患严重，当地组织村民打虎，打死两只老虎，黄秀福3月5日拍下打虎队和这两只虎的照片，照片上写明一只330斤，另一只234斤。由于多种原因，华南虎等已多年不见踪迹。

鱼类有5目22科130种。

爬行类有3目11科69种。

两栖类有2目9科45种。其中，属国家Ⅱ级保护珍稀动物的有大鲵、细痣疣螈、虎纹蛙3种。雷山髭蟾为雷山特有种。

林中休闲（王敏 摄）

镇远舞阳河（高斌 摄）

来源。黔东南州林业为农民提供的就业机会占1/5。2008年农民人均收入2456元，其中从林业获得的人均纯收入约150元，占总纯收入的1/10。可见，林业在提供就业机会和增加农民收入及带动农民致富等方面，都发挥着的关键作用。

据统计，2008年全州生产总值（GDP）228亿元，其中林业占13%。黔东南州的一次产业在全州GDP中所占比重为28%，贡献率为21%，拉动率为2.9%，包括用材林、竹林、经济林、能源林、林下种植等在内的林业在一次产业中占70%。二次产业在全州GDP中所占比重为31%，贡献率为27%，拉动率为3.8%，包括木竹业、木浆业、林化业、林特业在内的林业在二次产业中占20%。三次产业在全州GDP中所占比重为41%，贡献率为52%，拉动率为7.3%，包括大众旅游、度假休闲、人文保护在内的林业在三次产业中占10%。目前，林业在第一产业中占有较强优势，为强州战略奠定了坚实的物质基础。为实现全州经济社会的可持续发展，林业产业结构的调整方向为，逐步降低一次产业比重，适当增大二、三次产业比重，使木材加工业增加值增长19.1%，生态旅游服务业增长率达到245%，形成较为合理的林业产业结构，使林业在强州战略中的带动作用得以充分发挥。

镇远舞阳河——孔雀开屏（单洪根 摄）

贵州石阡佛顶山森林公园仡佬族敬雀节①（作者 摄）

4. 促进旅游业的可持续发展

森林与绿色是黔东南州的名片。境内森林茂密，植物种类繁多。原始森林与人工林并存。从黎平县地坪乡水口海拔137米到雷公山主峰2179米的不同高度展现出不同的森林植被类型。常绿阔叶林、常绿落叶阔叶混交林，落叶阔叶林、针叶林、针阔混交林，灌木林、灌丛林、高山矮林、高山灌丛草甸等不同森林类型应有尽有。黔东南州丰富的森林资源与浓郁的民族风情相结合，自然景观与人为景观融为一体。黔东南州的森林旅游产品十分丰富。各级政府和林业部门依托丰富的森林旅游资源，围绕生态建设和经济发展两个目标开展的森林旅游业，蒸蒸日上。

根据全国旅游业发展规划，州内施秉、雷山两县率先开展此项工作。1993年建立施秉云台山森林公园。1994年，建立施秉杉木河森林公园。开发杉木河漂流，州林业局、施秉县林业局共同投资修步道、建大门、买船只，为杉木河漂流做前期准备，拉开了杉木河漂流的序幕。1996年，施秉、雷山等林业部门接待旅游客4000多人次，创利税14万元。1999年，各县市林业部门利用实施天然林保护工程的有利条件，纷纷建立森林公园。2000～2003年，经省林业厅批准，全州先后建立了丹寨龙泉山、黄平横坡林场、凯里罗汉山、黎平太平山、锦屏春蕾林场等省级森林公园。2004年，全州投入森林公园建设资金1650.85万元，其中国家投入604.5万元，自筹614.35万元，引资432万元，接待国内外游客12.513万人次，经营收入471.9万元。2004年，批准建立麻江仙人桥省级森林公园；2005年，建成凯里市石仙山省级森林公园，见表4-6。

贵州石阡佛顶山森林公园仡佬族敬雀节②（作者 摄）

表 4—6　2006 年黔东南州森林公园简况

单位：公顷、%

公园名称	所在县市及地理位置	公园面积	森林面积	森林覆盖率	批准单位和时间
雷公山国家森林公园	雷山县 东经 108° 9′～108° 23′ 北纬 26° 16′～26° 24′	2354.73	3610.1	82.9	国家林业局 2002 年 12 月 2 日
黄平舞阳湖国家森林公园	黄平县 东经 108° 47′～108° 10′ 北纬 26° 23′～26° 6′	18076.5	9256.1	51	国家林业局 2004 年 12 月 6 日
黎平国家森林公园	黎平县 东经 109° 10′ 10″～109° 23′ 35″ 北纬 26° 10′ 36″～26° 24′ 35″	5475	4000	73	国家林业局 2003 年 12 月 23 日
丹寨龙泉山省级森林公园	丹寨县 东经 107° 54′ 44″～107° 57′ 54″ 北纬 26° 9′ 25″～26° 15′ 34″	1884.2	1669.56	89	省林业厅 2001 年 7 月 6 日
锦屏春蕾省级森林公园	锦屏县 东经 109° 21′ 44″～109° 32′ 42″ 北纬 26° 23′ 4″～26° 34′ 9″	12650	11000	87	省林业厅 2002 年 5 月 31 日
麻江仙人桥省级森林公园	麻江县 东经 107° 17′ 40″～107° 23′ 35″ 北纬 26° 22′ 47″～26° 29′ 24″	5763	4178	72.3	省林业厅 2004 年 11 月 29 日
台江南宫省级森林公园	台江县 东经 108° 16′ 30″～108° 25′ 45″ 北纬 26° 28′ 17″～26° 38′ 24″	6128.08	5208.87	85	省林业厅 2006 年 1 月 12 日
凯里罗汉山省级森林公园	凯里市 东经 107° 59′ 32″～107° 59′ 38″ 北纬 26° 34′ 36″～26° 34′ 28″	78.9		90	省林业厅 2003 年 12 月 31 日
凯里石仙山省级森林公园	凯里市 东经 107° 46′ 24″～107° 46′ 28″ 北纬 26° 40′ 8″～26° 40′ 12″	628.7		90	省林业厅 2005 年 6 月 23 日
凯里苹果山州级森林公园	凯里市 东经 107° 58′ 38″ 北纬 26° 35′ 8″	8.5	8.5	100	州建设局、州林业局 2002 年 3 月 28 日
施秉县云台山县级森林公园	施秉县	4900	4410	90	施秉县人民政府 1993 年
施秉县杉木河县级森林公园	施秉县	9600	8640	90	施秉县人民政府 1994 年

黔东南属于山地亚热带季风气候，境内峰峦起伏，江河纵横，山清水秀，森林茂密，景象万千。因特殊的地理位置和自然环境，黔东南动植物资源丰富，形成许多独特的自然景观，自成体系，雄、奇、险、特、秀、丽、幽、奥多种景观齐备，旅游资源较为丰富。绚丽多彩的中山花卉、类型多样的森林自然景观是黔东南旅游资源的重要组

最后一个枪手部落——芭莎苗族在林中表演①（作者　摄）

成部分，林业在促进黔东南旅游业可持续发展方面起着重要的作用。黔东南素有“森林之州”称誉，林木绿化率为67.6%，是国家28个重点林区之一，有秃杉等37种植物被列为国家重点保护树种，还有黔金丝猴等国家Ⅰ、Ⅱ、Ⅲ类保护动物10多种，是国家特有动植物种的中心保护区之一。州内共有各类植物2000多种，其中药用野生植物400多种，占全国药用植物种类的25%；中药材总蕴藏量达1080万吨，占贵州省中药总量的60%。现有3个GAP种植基地，太子参、何首乌、茯苓、半夏等几十味道地药材闻名世界。许多不为外界知晓而能治疗多种疑难杂症的苗药、侗药、瑶药等，在少数民族群众中流传甚广，形成了独特的“苗药三千，单方八百”的民族民间医药体系。

原生的民族文化、原始的自然生态、原貌的历史遗存有机融合，构成黔东南特色旅游的竞争优势。州内少数民族风情“五里不同风，十里不同俗”，享有“歌舞之州”、“神奇之州”、“百节之乡”之美誉，苗族和侗族原生态民族文化丰富多彩。有世界最大的苗寨——雷山西江，千里苗疆门户——三穗寨头军屯苗寨，世界最大的侗寨——黎平肇兴，有世界上最古老的情人节——苗族姊妹节，有粗犷奔放的东方迪斯科——台江反排木鼓舞，有象征民族精神支柱的侗族古老的鼓楼，到黔东南可领略“唐朝发型、宋代服饰、明清建筑”和“魏晋遗风”。黔东南侗族大歌曾唱响法国

最后一个枪手部落——芭莎苗族在林中表演②（作者　摄）

贵州青酒原生态山洞酒庄（洞外）（作者 摄）

贵州青酒原生态洞穴酒窖（洞内）（作者 摄）

巴黎，又在2006年中央电视台青年歌手大奖赛中获得“最受观众欢迎奖”，在厦门国际合唱节中一举夺得金牌奖，2008年随温家宝总理出访日本演出，得到高度赞誉，为国争光，享誉世界。2009年侗族大歌成功申报为联合国人类非物质文化遗产。苗族飞歌委婉动人，苗族歌手阿幼朵歌震维也纳金色大厅。民族服饰种类繁多，全州有64个大类200多个品种，民族银饰、手工刺绣等旅游工艺品琳琅满目。民族餐饮独具特色，苗族的酸汤鱼、侗族的腌鱼腌肉等已作为黔菜的主要品种入选中国名菜大典。在黔东南旅游大环线上，有苗岭山区雷公山麓为中心的苗族村寨，以黎平、从江、榕江“六洞九洞”为中心的侗族村寨列入世界文化遗产预备名录，剑河八郎是世界寒武纪地质公园研究“金钉子”坐标点，这里有高过河、杉木河、野洞河“矿泉水上的漂流”，有2280多年历史的镇远历史文化名城，2010年在锦屏亮江和茅屏发现了“史前文化遗址”，那8000至1亿年前在黔东南土地上就有了人类的生育繁衍。在国家公布的非物质文化遗产中，黔东南有39项53个保护点，有123项列入省级非物质文化遗产。全

贵州青酒原生态洞藏酒窖（洞门）（作者 摄）

三穗民间土法造纸晾纸房（作者 摄）

三穗民间土法造纸作坊（作者 摄）

州有 20 个重点民族文化旅游乡镇和 100 个重点原生态民族文化旅游村寨，50 户以上的民族文化村寨 3900 多个。有 1 个国家级自然保护区、2 个国家历史文化名城镇、2 个国家级风景名胜区、2 个国家级生态博物馆、3 个国家级森林公园、3 个中国民间艺术之乡、3 个中国民间绘画之乡、4 个国家级重点文物保护单位。

黔东南旅游品位不断提升。“完美假期——多情黔东南”旅游线路被中央电视台评为全国十佳旅游精品线路之一；黔东南雷山被中央电视台评为中国十大最好玩的地方之一；肇兴侗寨被美国《国家地理》杂志和中国《旅游时尚》杂志评为全球最具诱惑力的 33 个目的地；《中国地理》杂志把黎平评为最美的地方，肇兴侗寨评为全国六大乡村古镇之一；岜沙苗寨被称为“世界上最后一个枪手部落”，网民投票评选为世界上人生最值得去的 50 个地方之一。1997 年联合国教科文组织将黔东南列入世界十大“返璞归真，回归自然”旅游胜地之一；1998 世界乡土文化保护基金会把黔东南列为世界 18 个原生态文化保护圈之一，被专家学者誉为“人类疲惫心灵栖息的最后家园”、“原生态民族文化博物馆”。世界旅游组织专家组于 2002 年共 4 次实地考察黔东南后给予高度评价：黔东南是旅游资源品位最高、质量最好且最集中的地区；是不同类型且最具多样性的旅游资源富集地；是民族文化旅游的旗舰；是对境外游客最具吸引力的地区；是为高素质人群所准备的丰富宴席。世界旅游组织秘书长弗朗西斯科·弗朗加利先生考察黔东南后称赞誉：“黔东南之行是我一生中最难忘、最荣幸的一次体验，黔东南这个歌舞之州、森林之州、友好之州、神奇之州，必将成为世界上最具吸引力的旅游胜地。”近年来，道路、交通、通信、环境治理等城乡生态基础设施逐步完善，随着生态农业、生态林业和生态城市的建设，城乡环境质量进一步改善，城

丹寨县石桥古法造宣纸工艺（作者 摄）

丹寨县石桥古法造宣纸风干半成品（作者 摄）

市化进程逐步加快，城市化水平不断提高，而林业在生态旅游、宜居城市的建设过程中始终发挥着主力军作用。

四、林业发展的问题分析

林业可持续发展是黔东南州社会经济可持续发展的一个重要内容。加快林业可持续发展，有助于增强黔东南州经济可持续发展的能力。但是，如果黔东南州林业发展中存在的问题得不到妥善解决，就会影响黔东南州的社会经济可持续发展。本节将集中分析黔东南州林业发展中存在的问题及其根源，为后文的政策研究提供实际证据。

1、林业发展的问题诊断

（1）林业经营主体经营规模小。农村集体林权制度改革明晰了经营主体，对发挥农民的劳动积极性，解放林业生产力，提高林地生产力，起到了积极的促进作用，但因不科学的简单的分山到户也给林业和生态建设特别是集约化经营带来一定影响。一是 2008 年全州农民人均收入为 2101.5 元，约为全国农民人均收入的一半，需要开源节流，寻求致富门路。在耕地潜力基本得到发挥的情况下，从林

丹寨县石桥古法造宣纸工艺系列产品（作者 摄）

20 世纪中期清水江木材外运（单洪根 摄）

地获得收入已成了农民主要的致富途径。鉴于通过农村集体林权制度改革，农民获得了林地的使用权和林木的所有权，根据《物权法》的规定，农民也就有了对林地使用和林木的处置权，在生态建设中，必须考虑到农民的意愿，林地林木成片流转难度大，对林业产业化发展认识不统一，协调关系成本增大；二是林地到农户后，每个农户为一个经营主体，经营主体分散，使经营规模变小，难以实现规模化经营，使经营管理很困难。特别是为了公平公正起见，在林地到户过程中，打破了地块的界限，原本一个较大的地块通过分到几个农户而变成了很小的地块，使林地破碎化。林地破碎化既增加经营管理难度，又会使景观破碎化，造成森林景观的破坏。

20 世纪 70 年代都柳江木材外运（单洪根 摄）

（2）生态公益林质量不高。生态公益林质量不高主要表现在：一是生态公益林地利用率不高，生态公益林面积只占生态公益林地面积的 81.2%，还有近 20% 的林地没有得到较好的利用，生态效益难以发挥；二是已有的生态公益林中，纯林多，混交林少，纯林面积占生态公益林面积的 75.5%，混交林仅占 25.5%；三是自然度较低，即受人为干扰较多，自然度较好的生态公益林只占生态公益林总面积的 11.4%，自然度较差的生态公益林却占 87.2%，其他 1.4% 的生态公益林自然度为中等；四是树种质量不高，由于生态公益林受人为干扰较多，樟类、栎类、楠类、栲类以及其他在该区域自然分布的常绿硬阔树种为优势树种的面积蓄积均已保留不多，约分别占 23%、20%。

黔西南喀斯特地貌景观（作者 摄）

（3）商品林地生产力不高。商品林地生产力还没有得到较好的发挥主要表现在：一是与生态公益林地一样，利用率有待提高，商品林面积占商品林地总面积的 89.0%，还有 11.0% 的商品林地没有成林或利用；二是用材林单位面积蓄积量低，平均单位面积蓄积量为 76.0 立方米／公顷。其中，幼龄林单位面积蓄积量为 38.9 立方米／公顷，中龄林单位面积蓄积量为 80.1 立方米／公顷，近熟林单位面积蓄积量为 96.2 立方米／公顷，成过熟林单位面积蓄积量为 89.3 立方米／公顷；三是龄组分布不均，幼龄林、中龄林、近熟林、成过熟林的比率为（2∶2∶6.9∶1），与理想的龄组结构（2∶2∶1∶2）有较大差距。

（4）林产品加工层次低。目前，黔东南州的林业产值主要来自以培育种植和初级产品的产出，产品加工附加值低、规模小。林产品加工企业有一定的数量，但规模普遍偏小，技术装备落后且经营管理粗放，加工质量不高，没有一个叫响的品牌，产品规格、品种比较单一，木材综合利用率低。林产品精深加工起步较晚，规模小，难以有效发挥其龙头辐射带动作用。目前，从州到各县市尚没有能够带动区域经济发展

三穗木良 600 年银杏，胸径约 2.38 米（作者 摄）

起支撑作用的龙头企业。多数加工企业与广大农户缺少良性互动机制，利益连接的紧密程度不高，产业化链条不完整，组织化程度低。企业的带动能力和拉动生产基地快速发展的能力较弱。

全州上规模的木材加工企业有 20 余家，生产中密度纤维板的有两家，规模大的仅为 11 万立方米，另一家仅为 2 万立方米，而国家推荐规模是年 5 万立方米；细木工板企业 10 余家，最大规模产 4.5 万立方米，大部分生产企业未达到国家推荐规模。而且这些企业因原材料不足，资金短缺等原因实际生产能力没有达到设计能力。

2. 林业发展问题的根源分析

作为全国重点林区之一，黔东南林业在生产经营中做了大量的工作，取得了一定的成绩，但长期以来，林业发展由于受旧的传统经营思想影响和受经济体制、政策、制度的制约，造成林业产业单一、生产经营单一和效益单一。许多山区农民守着丰富的资源，过着贫困的生活，有人形象地比喻为“端着金饭碗讨饭吃”、“守着金山银山过着穷日子”。黔东南州林业的情况也如此，眼睛里也只盯着用材林，只知道砍树卖木材赚钱，培育杉木林，发展经济林受到限制，搞木材加工及多种经营视为不务正业，这种传统的林业经营思想与方针政策，使林业发展裹足前进。这些问题主要体现在以下几个方面。

(1) 林业可持续经营缺乏长效机制。因地方财力有限，地方投入不足，重点工程建设主要依靠国家投入，后续产业发展跟不上，森林经营没有稳定的资金投入，长期巩固建设成果缺乏后续政策保障，林业职工和林农的收入增长缓慢，生产、生活仍较为困难。

从 1986 年到 2010 年共下达自治州的中央预算内林业基本建设投资计划（含林业扶贫专项投资）23636.96 万元。因地方财政和项目建设单位资金困难，县（市）或项目建设单位投资计划中，有的资金没有落实到位（见表 4-7）[21]。

表 4—7 黔东南州 1986 ~ 2010 年中央预算内林业基本建设投资统计

单位：万元

建设内容＼金额＼投资来源	合计	国家林业局（林业部）	省财政厅省计委	省林业厅	州财政局	州林业局	县市或项目单位
合　计	23636.96	13433.80	916.36	671.75	8.00	1435.30	7171.75
种　苗	1718.10	947.50	104.60	35.00		72.00	559.00
造　林	12673.3	8234.50	367.00	233.50		80.20	3758.10
封山育林	972.06	380.00	131.26	35.00		158.90	266.90
长防工程	40.00	30.00					10.00
珠防工程	147.00	98.00	10.00				39.00
石漠化治理	88.00	56.00					32.00
抚　育	522.00	355.00		42.00			125.00
林业站、检查站	2583.10	913.80	163.50	81.75		195.60	1228.45
林业科技服务体系	1314.50	713.50	10.00	10.00	3.00	238.00	340.00
护林防火、林业公安	1268.70	558.70	74.00	19.00		144.80	472.20
教　育	1219.00	648.00	30.00	113.00		320.00	108.00
森林病虫害防治	287.40	132.80	5.00		5.00	35.00	109.60
森林公园	10.00	5.00					5.00
保护区	16.00	10.00					6.00
救灾及水毁工程	278.00	136.00		23.00		39.00	80.00
林勘设计	292.00	146.00				126.00	20.00
节能改灶	33.00	13.00		8.50		2.00	9.50
公　路	51.00	3.00		48.00			
设　备	44.80	25.00	1.00	10.00		8.80	
其　他	79.00	28.00	20.00	13.00		15.00	3.00

全国最长的锦屏清水江和六洞河交汇处的跨江侗族风雨桥，总长315米（作者 摄）

（2）增长方式比较粗放。“十一五”时期，黔东南州林业生产总值以年均45.6%的速度增长。但也应清醒地看到，这种增长很大程度上是依靠国家巨额投资拉动的，是依靠多占林地资源来实现的，林业发展的组织化、产业化程度低，自主创新能力不强，资源利用效率不高，市场配置资源的作用远未发挥出来。1992年，在黎平、锦屏、天柱、从江、黄平等7个县开展了林产品成本调查。

杉木用材林每亩营林成本571.14元（加权平均，下同），其中物质费用182.62元（生产准备费2.42元，造林费35.88元，抚育费52.44元，森林保护费32.74元，管理费51.78元，其他费用7.36元），用工88.3个（生产准备用工0.9个，造林用工19.8个，抚育用工24.5个，森林保护用工24.7个，管理用工14.4个，其他用工4个），作价388.52元。每亩蓄积生长量10.91立方米，每立方米蓄积生长量营林成本47.83元。每亩木材出材量9.22立方米，每立方米出材量营林成本55.15元。松木用材林每亩营林成本329.50元，其中物质费用103.52元（生产准备费2.32元，造林费14.15元，抚育费28.01元，森林保护费23.48元，管理费26.36元，其他费用10.92元），用工58.42个，作价225.98元。每亩蓄积生长量8.13立方米，每立方米蓄积生长量营林成本40.86元。每亩木材出材量5.85立方米，每立方米出材量营林成本56.33元。每50千克松脂生产成本29.16元。其中，物质费用6.28元（租金 4.82 元，工具材料费 0.29 元，包装费 0.71 元，管理费 0.1 元，其他费用 0.36 元），用工 5.2 个，作价 22.88 元。每千克平均产值 59.19 元，纯收益 30.03 元。

（3）**林业改革滞后。**现代林业产权制度还没有建立起来，束缚林业发展的体制性障碍还没有消除。体制不顺、机制不灵、责权不清、产权流转不畅的问题突出，林业税费负担过重，人工商品林采伐管理政策不合理，林业产业投资渠道单一，融资渠道不宽。以 xx 县为例，2005 年 xx 县木材税费项目有 10 种，平均每立方米缴税费 140.22 元，见表 4–8。

表 4–8 2005 年（林改前）木材税费项目

序号	项 目	标 准	征收部门
1	增值税	销价的 17%	国税
2	营业税	销价的 6.6%	地税
3	城市维护建设税	增值税、营业税的 5%	地税
4	教育费附加	增值税、营业税的 3%	地税
5	所得税	利润的 33%	地税
6	印花税	收入的 0.03%	地税
7	契税	销价的 3% ~ 5%	财政
8	育林基金	销价的 20%	林业
9	检疫费	销价的 2‰	林业
10	申报费	销价的 10% ~ 15%	林业

（4）**市场化程度低。**一方面，黔东南林业的市场化程度是和黔东南经济的市场化程度连在一起的。黔东南是欠发达地区，由于历史原因，加上长期以来交通不便、信息闭塞，黔东南经济的市场化程度一直较低，这必然影响到黔东南的林业发展。另一方面，黔东南林业的市场化又是和全国林业的市场化连在一起的。一些国有森工企业由于种种原因，改制工作一直跟不上时代步伐，机制不活、观念陈旧、缺乏竞争力、利润微薄甚至亏损严重，严重制约着林业产业的发展。

全国劳动模范、造林杉木王——王佑求

锦屏平秋杉木王王佑求纪念亭（王宗勋 摄）

镇远袁家山古树林（作者 摄）

（5）对林业投入不足。 财力有限导致黔东南生态投入长期不足。因历史原因“欠发达、欠开发”至今仍是黔东南的州情。经济落后、财力有限使得黔东南各级政府没有更多的财力来发展林业。其实，黔东南各级政府比谁都清楚发展林业的好处，但是心有余而力不足[22]。

2005年，全州林业事业费支出17877.90万元。其中，财政预算内支出15940.46万元（基建支出3892.00万元；行政管理支出4919.43万元；森林救灾支出222.38万元；天然林保护工程支出4677.09万元；退耕还林工程支出1314.76万元；森林生态工程支出155.45万元；贫困国有林场扶贫资金支出120.00万元；其他支出639.35万元）。林业基金及收费支出1937.44万元。从这组数据可以看出黔东南州林业投入严重不足的问题。

第五章 林业可持续发展战略

黔东南州是一个不沿边、不沿海、不沿江的内陆少数民族贫困地区，还处于欠开发、欠发达、工业基础薄弱的状况。面对这一现实，林农脱贫致富的主要出路何在？回答是："出路在山，希望在山"，"潜力在林，致富在林"。特别是2012年国务院出台了《关于进一步促进贵州经济社会又好又快发展的若干意见》（国发〔2012〕2号）文件以后，提出：推进生态保护与建设、石漠化综合治理、林产品加工业、加强环境保护等政策措施，黔东南在山区实施林业综合开发大有文章可做，选择正确的发展战略是实现林业可持续发展的基本途径。本章将集中对黔东南州林业可持续发展战略的基本原则、基本思路和具体战略措施进行深入的阐述，以期对政府相关部门决策带来一定的参考。

一、林业可持续发展的指导思想和基本原则

1. 指导思想

发展林业产业必须要有科学正确的指导思想，才能沿着正确的方向健康发展。根据我国的国情和黔东南州的现状，结合林业的实际情况，应遵循以科学发展观为统领，坚持可持续发展战略，树立大林业发展意识，建立好现代林业生态体系、产

苗族节日"六月十九"苗族人朝拜的黔阳第一山——凯里香炉山（作者 摄）

杉峰云岭（王敏 摄）

业体系和生态文化三大支撑体系，立足社会主义市场经济，合理配置资源，多措并举，调整林业产业结构，促进林农增收，构建人与自然和谐的科学林业发展之路为指导思想，即理论引领、体系统筹、基础保障。

（1）**理论引领**。将可持续经营理念贯穿于整个林业发展过程，着眼于建设健康稳定高效生态系统；贯彻科学发展观，注重以人为本，着眼于人与自然的全面、协调可持续发展；掌握现代科学技术理论，运用科技装备，着眼于改进林业管理和提升林业管理水平。

（2）**体系统筹**。黔东南州现代林业着重建设三大支撑体系，即林业生态体系、林业产业体系和生态文化体系。建设完备的林业生态体系，着眼于形成保护国土安全的生态屏障；建设发达的林业产业体系，拓展产业领域，拓宽产业链，通过产业带动，提高林产品附加值，着眼于林业产业的突破式发展；建设繁荣的生态文化体系，让生态文化成为经济社会发展的载体和舞台，着眼于经济社会、生态文化的和谐发展。

红豆杉种苗基地（作者 摄）

（3）**基础保障**。推进集体林权制度改革，着眼于体制创新；完善林业发展政策，着眼于机制创新；强化发展基础与能力，着眼于林业发展的能力保障。

2. 基本原则

黔东南州林业可持续发展应遵循的基本原则有以下几点。

（1）因地制宜、突出重点。立足于当地的自然地理条件和社会经济条件以及林业建设的实际，进行规划布局和建设内容与规模的设计，体现黔东南的林业特色。同时，也要根据示范区建设和林业发展的要求，按照轻重缓急，突出示范重点。

（2）分区施策、分类经营。综合考虑各地域自然与社会经济条件的差别、森林资源分布特性、森林整体功能和森林经营管理要求的相似性和差异性，同时考虑到森林资源经营管理面临的主要矛盾和问题的异同性，进行区域划分，确定主要发展方向。按照分类经营的要求，对于不同的森林类别、林种采取不同的经营措施。

（3）科学经营、合理利用。加强对现有森林资源的保护，在此基础上，根据林业建设的实际，通过人工造林、封山育林等措施大力发展森林资源，提高林地的利用率。科学地开展森林经营，通过调整树种结构、林种结构、龄级结构，提高森林资源质量和林地生产率。合理、适度地利用森林资源，按照分类经营的要求，用好速生丰产林、工业原料林以及可以利用的非木质林产品，提高产品附加值，为社会提供品种多样、品质优良的林产品。

都柳江边水鸟（单洪根 摄）

（4）生态效益优先、社会和经济效益兼顾。坚持生态建设为主、生态效益优先，处理好资源保护与资源利用的关系，处理好生态保护与经济发展的关系，处理好生态建设与农民增收的关系，处理好长期利益与当期需要的关系，实现生态效益、社会效益和经济效益的协调统一。

（5）相互衔接、统一规划。林业与生态建设是区域生态建设与经济发展的一个组成部分，黔东南可持续发展林业示范区建设要纳入到经济社会发展中，要与区域经济社会发展相衔接，以增加可操作性。

2008年南方雪凝灾害中的竹林（作者 摄）

特别是，黔东南州地方财政比较困难，生态建设要与国家、贵州省的相关项目衔接，既做到"全国一盘棋"，又确保资金来源。

（6）政府引导、全民参与。林业具有公益和产业属性。林业的公益属性要发挥政府调控职能，争取政府和相关业务部门的支持、协助；林业的产业属性要发挥市场调节功能，调动社会力量，充分吸收社会资金，吸引全社会参与林业建设。

二、黔东南州林业可持续发展SWOT分析

1. 优势与劣势分析

黔东南州林业可持续发展具有的优势主要有以下几个方面。

（1）动植物资源。黔东南州是南方重点林区，境内有8个林业重点县，森林资源十分丰富。境内生长着2000多种植物，其中国家特有动植物24种，占全国种类40.2%；野生动物有518种，国家重点保护Ⅰ级动物3种，Ⅱ级动物23种，占全国种类56%。

（2）自然条件。黔东南州受东南亚季风在斜坡上的进退和其他天气系统的影响，气候有明显的季节性变化，立体气候明显。黔东南州地势起伏较大，海拔高差悬殊，气候呈垂直带变化，适宜多种林木的生长。

（3）发展意识。黔东南州已列为生态文明建设试验区，已完成现代林业发展规划，州政府已出台《关于加快林业改革发展的意见》，面临全州林业发展的良好机遇。

（4）投资环境。黔东南已完成现代林业规划，非公有制林业的打造将是黔东南林业未来的发展重点，优惠的政策，优质的服务将使投资环境变得更加优越。

黔东南州林业可持续发展面临的劣势主要有以下几个方面。

（1）运作能力不足。黔东南的林业经营组织管理没有取得大的突破，难以在市场运作中形成核心竞争力。

（2）人才知识结构不合理。黔东南林业系统职工有7000余人，懂得生产营林的人员较多，熟悉生产经营管理的人员较少，专业知识结构不够合理。

（3）缺乏资金。目前，黔东南的林

业投入主要是以财政投入为主，这种单方面的投入导致了营林资金的缺乏，难以满足可持续发展林业的需求。

兴义万峰林（作者 摄）

2. 机会与挑战分析

黔东南州林业可持续发展面临的机会主要有以下几个方面。

（1）**现代林业发展大趋势**。森林经营理论将逐渐转向可持续经营理论，木材产量增加及林产品结构性调整促使国际贸易不断扩大，高新技术在林业中的应用日益广泛。我国林业生产力布局做出战略性调整，“南用”和“东扩”战略的实施将为黔东南林业注入新动力。

（2）**政策环境**。党的十七届五中全会提出工业化、城镇化和农业现代化的“三化同步”要求，为农业产业化建设和农村经济加速发展指明了方向。国家于2003年专门出台了《加快林业发展的决定》，又于2008年6月制发了《全面推进集体林权制度改革的意见》，加上地方各级政府对“三农”和林业生态建设的高度重视，林业生态建设迎来了崭新的发展机遇。贵州省于2007年提出“保住青山绿水也是政绩”的理念，于2009年9月制定了《关于进一步加快林业改革发展的意见》。贵州省省长赵克志同志在2012 年政府工作报告中指出：加强生态环境保护，切实保住持续

已被三板溪淹没了的剑河十里长滩（单洪根 摄）

雷公山脚的陶尧苗寨（作者 摄）

发展。把加快经济发展与加强环境保护结合起来，以生态文明理念引领经济社会发展。贵州省委书记栗战书同志在省第十一次党代会议上指出：必须坚持以生态文明理念引领经济社会发展，实现提速发展，又保持青山常在、碧水长流、蓝天常现。各级政府的高度重视，为林业可持续发展提供了有力的保证。

（3）生态立州战略的实施。黔东南州提出“工业强州、城镇带州、旅游活州、生态立州”战略的实施，为林业产业发展指明了路径和方向。特别是2012年国务院出台了《关于进一步促进贵州经济社会又好又快发展的若干意见》，黔东南州被列为生态试验区；2012年6月国务院批准的《滇桂黔石漠化片区区域发展与扶贫攻坚规划（2011—2020年）》，将贵州黔东南列入重点实施片区，它们都给黔东南林业生态建设带来了良好的发展机遇。因此，黔东南州林业产业将按照现代林业发展模式进行发展。

（4）木材及林产品需求量持续增加。据预测，我国的木材及林产品需求量仍将稳步上升，预计到2020年，木材需求总量约为3.5亿立方米。这对黔东南林业实现可持续发展从市场需求方面提供了有利条件。

锦屏文斗古红豆杉群（单洪根 摄）

黔东南州林业可持续发展面临的挑战主要有以下两个方面。

（1）科技支撑与生态文明建设。黔东南的林业科技含量较低，生态文明建设步伐有待进一步加强。

（2）体制与制度。林业体制与制度有待进一步改革与创新，摒弃那些制约林业可持续发展的因素，建立和完善科学的林业体制与制度是林业发展的迫切需要。

三、黔东南州林业可持续发展的战略

根据黔东南州的实际情况，林业可持续发展战略应采取四大主要战略，即资源培育优化战略、林业产业带动战略、生态保护与开发并举战略和森林资源资本化战略。

1. 资源培育优化战略

资源培育优化战略是按照区域分工，适地适树的原则，明确各个区域资源培育的主要方向和产品规模，以解决资源的优化配置问题，从而保证“生态受保护、农民得实惠、产业能发展”目标的实现。战略提出的依据是：黔东南的森林资源非常丰富，但林分质量不高，且各区域的分工不明确，难以形成各区域的主打产品和规模化经营，林农收入低，未能充分调动林农造林护林积极性。在资源培育优化战略中，将整个黔东南区域按自然条件、立地条件、土壤条件等划分为低中山丘陵工业原料林区、中山生态保育区、中低山岩溶石漠化综合治理区、低山丘陵用材林粮油林发展区和低中山经济林发展区五个区。

（1）低中山丘陵工业原料林区。该区现实生产力级数 20 ~ 23，期望森林生产力级数 27。地理范围包括施秉、镇远、岑巩三县，面积 49.01 万公顷，占全州 16.1%。

区内地貌主要有岩溶低山，岩溶河谷，岩溶峰丛等类型，也有砂页岩、变质岩低山，岑巩及舞阳河下游丘陵地貌广布，海拔一般在 500 ~ 800 米，年均温度在 16.4℃左右，年降水量 1100 毫米，夏伏旱较重，土壤为黄红壤、黄壤。植被以栲栎林、松杉林和油桐、油茶林为主。该区森林面积少，林分质量不高，有较大面积的白云质砂石山分布，石漠化治理任务较重。

该区应在加大白云质砂石山治理和保护现存阔叶资源的同时，大力发展以马尾

台江全成木屋产品——木质别墅（作者 摄）

丹寨石桥风雨桥（作者 摄）

丹寨天然石桥（作者 摄）

松、杨树为主的林浆纸原料林基地，中药材基地和山核桃基地，着力打造以舞阳河流域为主的生态旅游基地。

（2）中山生态保育区。该区现实生产力级数 21～40，期望森林生产力级数 28～44。地理范围包括丹寨、雷山、台江三县，面积 32.65 万公顷，占全州 10.7%。

区内地貌是以雷公山为主体的中山、低中山。由于海拔高，热量条件稍低，平均气温 15.5℃左右，年降水量 1200～1300 毫米，湿度较大，终年湿润。土壤在海拔 1300 米以下系板岩、砂页岩等变质岩发育的黄壤，1300 米以上为黄棕壤。植被在海拔 1300 米以上以栲类阔叶林为主，1300 米以下以杉木、马尾松人工林为主。该区森林资源较丰富，以人工林、次生阔叶林为主，林种和树种结构相对合理，交通在北部比较方便，南部较差，经济欠发达。

该区以自然生态系统保育为主，在加强秃杉和阔叶林保护的同时，重点发展绿色茶叶基地，建设生态茶园；发展林浆纸、林板等原料林和经济林、林果基地。以丹寨为主，发展林板原料林基地，采脂林培育基地，楠竹、笋竹培育基地。以雷山、台江为主，发展林药、香料基地。

（3）中低山岩溶石漠化综合治理区。该区现实生产力级数 13～25，期望森林生产力级数 18～34。地理范围包括黄平、凯里、麻江三县（市），面积 42.00 万公顷，占全州 13.8%。

区内多为岩溶中山、低山，海拔在 800～1100 米之间，年均气温 14.5～15.7℃，年降水量 1200 毫米，土壤多为黄色石灰土和砂页岩发育的黄壤，土层一般浅薄，黏土分布较多，林分主要为常绿、落叶阔叶混交林和马尾松林。该区森林资源相对较少，生态系统比较脆弱。凯里市是州府所在地，交通通信方便，电力充足，人口密度大。

该区以石漠化生态治理为重点，加强

原生和次生阔叶森林植被保护，在立地条件较好的地方可以发展以马尾松为主的林板、坑木工业原料林基地，林药基地和种苗花卉产业，以舞阳湖、野洞河、飞云大峡谷为主的森林生态旅游和以岩溶地貌为主的生态旅游。在林业产业方面，扩大种植规模，建立林药、松脂基地。

在麻江、黄平开展石漠化综合治理试点。以黄平为主，发展林板原料林基地、蚕桑基地、采脂林培育基地；以麻江为主，发展蓝莓种植基地；以凯里为主，发展楠竹、笋竹培育基地和林药、香料基地。

（4）低山丘陵用材林、木本粮油林发展区。该区现实森林生产力级数 21 ~ 40，期望生产力级数 28 ~ 44。地理范围包括三穗、锦屏、天柱和剑河四县，面积 70.10 万公顷，占全州 23.1%。

地貌大部为低山，东部为丘陵，海拔在 400 ~ 600 米之间；年均温 15 ~ 16.4℃，年降水量 1300 毫米左右，日照 1086 小时，气候温暖湿润，夏旱不重；土壤为板岩发育而成的黄红壤和黄壤，土层深厚肥沃；植被以栲树、樟楠林、杉木林、油茶林为主，杉木人工面积大；经济林以油茶、核桃为主。该区森林资源丰富，面积较大，多为次生林和人工林，人工林树种单一，中幼林比较重大，交通不便，经济较落后。

该区在保护好现有原生和次生阔叶资源的同时，以发展用材林、木本粮油林为主，大力发展以鹅掌楸为主的阔叶木浆造纸原料林、速生丰产林基地，珍稀阔叶树种和杉木大径级特种用材林基地，以楠竹为主的竹笋两用林基地，油茶林基地，以茯苓、天麻、钩藤和木本药材为主的林药基地，林木良种繁育和绿化大苗基地；生态茶园，发展以锦屏等省级森林公园为主的森林生态旅游业；在林产品加工方面，扩大竹木制品加工，巩固茶油加工并进行深度开发。同时，在这个区的锦屏、天柱两县开发生物质能源利用示范工程，以提高生物质的利用效率。

以天柱为主，发展木浆造纸原料林基地。在锦屏发展珍稀阔叶树种和杉木大径级特种用材林基地和山核桃基地。以剑河、

雷公山自然保护区山门（单洪根 摄）

巨树参天（作者 摄）

天柱为主，发展楠竹为主的竹笋两用林基地和林药基地；以天柱、锦屏为主，发展油茶林基地；以三穗、剑河为主，发展林药基地。

（5）**低中山经济林发展区。**该区现实生产力级数 16 ～ 42；期望森林生产力级数 16 ～ 44。地理范围包括榕江、从江、黎平三县，面积 110.01 万公顷，占全州 36.2%。

地貌以低山类型为主，低山、中山、盆谷相间出现，山地组合比较复杂，海拔在 400 ～ 600 米之间；气候条件热量显著高于清水江流域，年平均气温 18 ～ 18.4℃，降水量 1200 ～ 1300 毫米，日照 1200 ～ 1300 小时；气候冬暖夏热，时有伏旱，热量高，水分足；土壤以板岩类发育的黄红壤和黄壤为主，部分为红壤；植被主要为栲楠林、杉木林和柑橙类经济林。该区森林资源丰富，面积较大，以次生林和人工杉木林为主，人工林树种结构单一。

该区应在保护阔叶林资源的同时，以发展经济林为主，建设珍稀阔叶树种和杉木大径级特种用材林、速生丰产林基地；以麻竹、楠竹为主的竹笋两用林基地和油茶林基地；以椪柑、脐橙为主的优质果品基地；以茯苓、天麻和木本药材为主的林药基地；并结合侗乡文化发展森林生态旅游，扩大竹木制品加工规模和优质果品保鲜、储藏、包装加工规模。同时，在这个区开发生物质能源利用示范工程。

以黎平为主，发展珍稀阔叶树种和杉木大径级特种用材林基地、油茶林和山核桃基地；以榕江为主，发展竹笋两用林基地、优质果品基地；以从江为主，发展林药、油茶林基地、香料基地。

在 5 个区中分别进行基地的培育优化，以形成优势产业。组建基地 46.67 万公顷，其中油茶基地 3.33 万公顷、经果林基地 6.67 万公顷、茶叶基地 3.33 万公顷、楠竹基地 6.67 万公顷、短周期工业原料林及马尾松纸浆林基地 20 万公顷、速生丰产用材林基地 6.67 万公顷。各区基地组建情况详见表 5-1《资源培育布局参考表》。另外还可以培育中药材基地 1 万公顷、蚕桑基地 1 万公顷。

表 5–1 资源培育布局参考

单位：万公顷

序号	分区	县名	合计	油茶基地	经果林基地	茶叶基地	楠竹基地	短周期工业原料林基地	速生丰产用材林基地
		合计	46.67	3.33	6.67	3.33	6.67	20	6.67
1	低中山丘陵工业原料林区	计	8.4		0.4	0.67	0.33	6	1
		施秉	2.8		0.13		0.33	2	0.33
		镇远	2.46		0.13			2	0.33
		岑巩	3.13		0.13	0.67		2	0.33
2	中山生态保育区	计	5.73		0.4	1.33	1	2	1
		丹寨	2.13		0.13	0.67	0.33	0.67	0.33
		雷山	2.13		0.13	0.67	0.33	0.67	0.33
		台江	1.46		0.13		0.33	0.67	0.33
3	中低山岩溶石漠化综合治理区	计	6.07		0.4		1.33	3.33	1
		黄平	2.13		0.13		0.33	1.33	0.33
		凯里	1.8		0.13		0.67	0.67	0.33
		麻江	2.13		0.13		0.33	1.33	0.33
4	低山丘陵用材林粮油林发展区	计	11.13	2	0.8		1.67	4	2.67
		三穗	1.67	0.2	0.13			0.67	0.67
		锦屏	3.73	0.8	0.27		0.67	1.33	0.67
		天柱	3.73	0.8	0.27		0.67	1.33	0.67
		剑河	2	0.2	0.13		0.33	0.67	0.67
5	低中山经济林发展区	计	15.33	1.33	4.67	1.33	2.33	4.67	1
		榕江	4	0.33	1.33		0.67	1.33	0.33
		从江	4	0.33	1.33		0.67	1.33	0.33
		黎平	7.33	0.67	2	1.33	1	2	0.33

通过资源培育优化战略，到 2015 年黔东南州林木绿化率预计达到 68%，比 2009 年的 66.7% 增加 0.3 个百分点；森林蓄积量将达到 1.8 亿立方米，比 2009 年增加 0.7 亿立方米。到 2020 年，黔东南州林木绿化率预计达到 70%，比 2009 年的 66.7% 增加 3.3 个百分点；森林蓄积量将达到 2.3 亿立方米，比 2009 年增加 1.1 亿立方米。

2. 林业产业带动战略

林业产业带动战略是根据各县市区域的资源储量，合理布置林产规模企业，把有限的资源放在高端平台进行释放，从而实现其利益的最大化。该战略主要是解决林业资源形成大产业的问题，其主要任务是整合资源及合理布局加工业，扶优扶强龙头企业、推进林产品的精深加工，以提高林业附加值、创建多元化产品及品牌。林

锦屏新化风光（石玉锡 摄）

业产业就是以森林资源为基础，以获取经济效益为目的，以技术和资金为手段，有效组织和提供各种物质、非物质产品的行业。林业产业包括了一二三次产业，如林木种植业、采运业、林竹加工业、林产化工业、森林旅游业等，林业产业作为重要的基础产业，除具有一般产业的共同属性外，还有自身的四大特性，即资源的可再生性，产品的可降解性，三大效益的统一性，一二三产业的同体性。林业产业项目是聚集生产要素、优化林业资源配置的载体，合理布局产业是林业发展的客观要求，是林业产业上规模、上水平、提高林地林木利用率、增加林产品附加值、提高经济效益的前提，必须按照循环经济的要求，将林业资源和林木废物进行充分有效地综合利用，提高上下游产业的关联度，延长产业链，形成种植加工（林板、林纸板、林药等）一体化的现代林业模式。特别是大力发展林产加工业将带动林业资源的培育、促进林业服务业快速发展，形成“上带一产，下促三产”的效应。

林业生态建设的大环境为发展创造了良好条件，人们开始认识到单一林业的弊端，认识到没有林产工业的林业是没有希望的林业。因此，各地区都把开发山区资源、发展林产工业提到议事日程，掀起了大办林产工业的热潮。但是，由于缺乏统筹规划，发展方向不明确，出现了分散投资，盲目发展，重复建设，生产规模小，产品质量差，经济效益不佳的状况，有的甚至成了“包袱”。这种现象，一些地区或多或少地存在。但是，就黔东南州整体而言，由于地处偏远，信息不灵，人才短缺，资金缺乏，工业基础设施差，有许多林区县林产加工刚刚起步，有

建筑模板加工车间（作者 摄）

家用木质成品（作者 摄）

的几乎还是空白。因此，黔东南州的森林资源优势尚未变成真正的商品经济优势，“资源转化，加工增值”还没有取得很大的实效。当然，发展林产工业不像资源培育那样简单，不能用人海战术，一蹴而就，它是一项系统工程，需要一定的基础条件，需要大量的资金和技术人才，需要有品牌及市场。总之，办林产工业要按办工业的基本规律要求去办，否则将事倍功半。必须因地制宜，从实际出发，统筹规划，选准方向，合理定位，有计划、有重点地发展林业产业，把林业产业带动战略作为扶贫攻坚战的突破口来抓。

科学合理地创建以深加工为主的林业产业园区和木材精深加工园区，充分发挥“洼地效应、聚集效应”。打破原有对木材的行政封锁及区域界线，由市场合理配置林业资源，改变在林业产业发展中“一个县（区）有多少木材采伐指标、建多少加工规模的厂”这种落后的唯资源论产业发展的思路。在林业产业带动战略中，可将整个黔东南区域结合资源分布、交通运输条件及资源运输半径可规划为凯里（凯里、麻江、丹寨、雷山）、黔东（镇远、岑巩、三穗、天柱、剑河）、洛贯（锦屏、黎平、从江、榕江）、黄平（黄平、施秉、台江）4个区域，在这4个区域中根据林业资源及交通区位条件，建立州级林木及产品交易市场2～3个，规划建设州级林产工业园3～5个，逐步形成一批林木资源利用率高、附加值高的精深加工的人造板、木（竹）家具、木（竹）浆造纸、木（竹）工艺品、林化产品、竹木活性炭、胶合板、地板、装饰材、集成材、包装箱、建筑模板与竹木复合材料及竹炭、竹醋、木本粮油产品、生物制药、林业机械制造和生物质能源等支柱产业。未建立州级林产工业园的县可根据自身条

建设中的木材加工车间（作者 摄）

中药材紫株（作者 摄）

件，适当建立县级林产工业区或引进与自身资源条件相关的特色加工企业，县级林产工业区应适当控制，布局不宜过多，可控制 5 ~ 8 个为宜。州级和县级林产工业园也可跨县建园、几县联合建园，本着“统一规划、资源整合、共同发展、利益共享”的原则来发展林产加工业，避免重复建设、恶性竞争。

在特色产业布局上，可采取多县集中连片、联合规划、分县推进等方式建立特色产业经济带或区，按照几县一品、全州一特的思路，力争上规模、出品牌、增效益。如在黔东经济区布局林浆纸加工生产，在全州形成林纸一体化；在麻江、黄平、台江、三穗、凯里发展蓝莓种植及加工产业；在天柱、锦屏、黎平、从江建立山茶油精深加工和生物质能源综合利用基地，发展林油、“林电肥”一体化；在丹寨、雷山、黄平、黎平、台江等县发展茶叶种植及加工业，共同集中打造一至两个茶叶品牌；在黄平、丹寨、施秉、麻江、台江、三穗等县开发松脂采集及松香加工业；在施秉、剑河、三穗等县发展太子参、钩藤等中药材种植及加工基地；在榕江、从江、凯里等地建立水果及绿色食品交易市场及加工基地；在黎平、锦屏、三穗、镇远、剑河等县发展山核桃种植及加工基地。

在林业产业政策上，可根据不同的时期、不同的区域、产业发展需要等因素综合制定科学合理的政策，既要有鼓励支持发展林产业的政策，又要对耗资源、低效益的林业产业有限制和控制的政策，特别是新进入林产加工的准入政策。

积极鼓励和扶持促进林业产业结构升级的关键技术、装备和产品，以及需要重点发展的林业产业，如鼓励功能性改良技术，提高木材的硬度、强度、密度、环保、耐腐、抗虫及阻燃等性能，替代优质木材；积极扶持林产化工产品精深加工，花卉和林木种苗产业，竹藤基地建设及竹藤新产品生产技术研发，人造板制造业，林木种质资源保存利用，林木良种选育、繁殖、推广、使用等。大力发展松香、松节油和以林木为原料的香料产品、药品、紫胶等林化产品的精深加工产品；鼓励次小薪材、沙生灌木、木竹采伐、造材、加工的三剩物的综合利用和废旧木质材料（废旧木质家具旧房料）、一次性木制品的回收及综合利用。积极鼓励原始和集成创新，大力引进林产品深加工、竹材加工核心技术和关键设备，以提高生产能力、监控检测、自动化控制水平为重点，提高设备装备水平。重点扶持培育一批有特色、有市场竞争优势、产业关联度大、带动力强的大中型龙头企业。黔东南州可采取扶持、改造、组建等多种形式培植20家各类林业产业化龙头企业，提高林业产业的规模化经营水平，带动相关中小企业发展，形成大中小企业协调发展、有序竞争的格局。

根据国家产业结构调整有关政策，为了充分利用资源，通过行业政策和市场有效配置林业资源，在林产业加工的产品、生产规模及投资额度、平均产值等方面制定符合本地区实际的林木加工准入政策；对林业生产落后的工艺、技术、装备及产品等也要拟定出限制和淘汰的具体政策和措施。如大力限制以优质林木为原料的一次性木制品与木制包装的生产和使用以及木竹加工综合利用率偏低的木竹加工项目。限制新建单线规模在5万立方米／年以下的高中密度纤维板项目、单线规模在3万立方米／年以下的木质刨花板项目以及1000吨／年以下的脂松香生产项目。同时加快淘汰并禁止新建未达到国家环保标准的小型人造板企业、直火法等土法生产松香的小企业、湿法生产纤维板及未达到国家质量标准的林产品等。

通过制定鼓励和限制的政策，有利于建立公平合理、竞争有序、发展协调的市场环境；有利于调整林业产业结构，实现兴林富民，促进经济社会与生态建设协调发展；有利于提高林业生产力水平，加快黔东南州林业产业化和现代化进程，更有效地促进黔东南州林业可持续发展。

黄平至施秉滇黔古驿道旁的柏树（作者 摄）

核桃树下套种花生（作者 摄）

势从事林下种植业、养殖业、采集业、森林旅游业等立体复合生产经营，从而使农林牧各业实现资源共享、优势互补、循环相生、协调发展的生态农业模式。林下经济具有投入少、见效快、易操作、潜力大等特点，是协调生态、经济和社会效益的新措施，是缓解土地利用矛盾的新途径，是解决充分就业和增收的新领域。温家宝同志曾指出，“能够保护好生态环境，发展好林下经济很重要”，“发展林下经济，既能促进农民增收，又能巩固集体林权制度改革”。贾治邦同志也指出，“发展林下经济是保护森林资源、实现绿色增长的迫切需要，是促进农民就业增收、实现不砍树也能致富的成果实践，是满足社会需求、拉动经济发展的总要途径，是全面深化林改、巩固林改成果的重要抓手”。

发展林下经济是“短平快”，惠及农村千家万户，是碱区、沙区脱贫致富的民生工程，是引导农民不砍树或者少砍树照样能致富，节约森林资源、保护生态的绿色惠民工程。因此，黔东南可以结合实际，科学规划，出台扶持政策，因地制宜地发展林下种植、林下养殖、林下产品加工、林下旅游等，采取林＋药、林＋果、林＋菌、林＋菜、林＋花、林＋草、林

3. 生态保护与开发并举战略

生态保护与开发并举战略是以不破坏森林资源为前提，在生态保护中进行资源的科学合理开发和利用，在开发中使生态环境得到更加有力的保护。该战略主要解决公益林的生态效益与经济效益的矛盾问题。在保护中开发利用获取经济效益，在开发利用中去有效的保护，两者相互统一。在公益林保护的同时，进行森林公园的建设和自然保护区的建设，大力发展林下经济及实施生态旅游的开发作为该战略的重点。

发展林下经济，对缩短林业经济周期，增加林业附加值，促进林业可持续发展，开辟农民增收渠道，发挥循环经济，巩固生态建设成果等都具有重要意义。所谓林下经济是指，以林地资源和森林生态环境为依托，充分利用林下土地资源和林阴优

三穗县滚马乡太子参种植基地（作者 摄）

+禽、林+蜂、林+畜、林下藤芒加工、林下休闲等林下经济模式。同时，采取招商引资、政策支持、科技服务、组建专业经济组织等多种方式，培育龙头企业，形成公司+基地+农户、专业合作社+农户、国有林场+农户、公司+合作组织+农户+金融机构+保险、专业协会+农户、联户或联组、单户独立经营等多种集约经营模式，培育农村经济增长点，推动扶贫开发，促进城乡统筹发展。黔东南州有森林面积190.47万公顷，如果林下经济利用面积达到森林面积的30%，将有57.14万公顷得到利用，如按每公顷收入1.5万元（1000元／亩），将获得85.7亿元的收入，农村人口将实现每人每年增收2140元，将会进一步加快脱贫致富奔小康的步伐。

在生态旅游开发方面，应以雷公山国家级自然保护区和雷公山国家森林公园为主，发展森林生态旅游。以凯里石仙山森林公园、麻江仙人桥森林公园、丹寨龙泉山森林公园为主，发展森林生态旅游和以岩溶地貌为主的生态旅游。以舞阳河国家森林公园、镇远高过河森林公园、施秉云台山和岑巩龙鳌森林公园为主，发展舞阳河流域森林生态旅游。以锦屏春蕾森林公园、“锦屏文书”林业契约特藏馆、锦屏木商文化遗产博览园、黎平八舟河森林公园、剑河森林公园为主，开展生态旅游。在黎平、从江、榕江发展以侗族原生态民族文化艺术和岜沙苗族生态文化为主的生态旅游等。

在生态旅游开发中保护森林面积130万亩，新建森林公园55个，新建自然保护区51个，新增森林生态旅游景点65个。详见表5–2。

施秉县牛大场中药材基地种植的太子参（奉力 摄）

表 5–2　生态保护与开发布局参考表

单位：万公顷、个

序号	分区	县名	森林保护	新建森林公园				新建自然保护区				新增森林生态旅游景点
				计	国家级森林公园	省级森林公园	州、县森林公园	计	国家级自然保护区	省级自然保护区	州、县两级自然保护区	
		合计	8.67	55	12	16	27	51	10	18	23	65
1	一般林业县	计	3.17	28	7	8	13	25	5	9	11	39
		施秉	0.4	4	1	1	2	3	1	1	1	5
		镇远	0.6	4	1	1	2	2		1	1	5
		岑巩	0.4	4	1	1	2	6	1	2	3	5
		丹寨	0.33	4	1	1	2	4	1	1	2	3
		黄平	0.4	4	1	1	2	2	1	1		10
		凯里	0.33	3	1	1	1	2		1	1	5
		麻江	0.37	3	1	1	1	4	1	1	2	4
		三穗	0.33	2		1	1	2		1	1	2
2	重点林业县	计	5.5	27	5	8	14	26	5	9	12	26
		雷山	0.57	3		1	2	2		1	1	3
		台江	0.33	3	1	1	1	3	1	1	1	2
		剑河	0.67	3	1	1	1	4	1	1	2	2
		天柱	0.67	3		1	2	2		1	1	5
		锦屏	0.6	3		1	2	2		1	1	5
		从江	0.33	4	1	1	2	4	1	1	2	3
		榕江	1	4	1	1	2	4	1	1	2	3
		黎平	1.33	4	1	1	2	5	1	2	2	3

通过生态保护与开发并举战略，使黔东南130万亩林地得到有效保护，结合独特的民族风情、历史文化等旅游资源开发，使资源优势转化为经济效益，让黔东南州真正成为生态之州、民族文化旅游大州。

黄平小江口苗家民居（作者 摄）

4. 森林资源资本化战略

森林资源资本化战略是将森林资源放在市场经济的平台上，通过价格杠杆的作用，使其迅速向资产化，进而向资本化转变。该战略主要是解决森林资源变现和资产量化的

20 世纪 80 年代清水江木材放排外运（单洪根 摄）

问题。在明确权属的基础上，国家鼓励森林、林木和林地使用权的合理流转，积极培育活立木和林地资源市场，发展森林资源资产评估机构，促进林木林地的合理流转，调动经营者投资开发的积极性是该战略要做的主要工作。森林资源资本化战略有资产上市、融资贷款、合作经营和资源流转 4 个手段。

（1）**资产上市**。资产上市是将森林资源证券化，是把当前流动性较差，但质量好，收益稳定的森林资源资产进行组合包装，在辅以风险隔离和信用增级等手段之后，转换成流动性较强的证券过程。一是确定要上市的森林资源资产，组成资产池。二是组建 SPV（特殊目的机构／公司），实现真实销售。三是完善交易结构，进行预先评级。四是进行证券信用增级和发行评级。五是获得证券发行收入，向原始权益人支付购买价款，向聘用机构付费。六是实行资产管理，建立投资者应收积累金。七是到期还本付息，由托管机构将积累金拨入付款账户，对投资者还本付息。

（2）**融资贷款**。林业抵押贷款是以林地使用权和林木所有权为抵押物解决林业发展资金不足问题，主要通过开展以林权抵押贷款为核心的林业投资融资业务，探索林业保险与林业融资互动机制，解决林农最急迫的林业发展资金不足问题，使“活树变现钱，青山变银行”。

森林资源资产抵押是指森林资源资产权利人不转移对森林资源资产的占有，将该资产作为债权担保的行为。可用于抵押的森林资源资产为商品林中的森林、林木和林地使用权，具体为用材林、经济林、薪炭林；用材林、经济林、薪炭林的林地使用权；用材林、经济林、薪炭林的采伐迹地、火烧迹地的林地使用权；国家规定的其他森林、林木和林地使用权，森林或林木资产抵押时，其林地使用权须同时抵押，但不得改变林地的属性和用途。

毛竹林（作者 摄）

（3）合作经营。合作经营是以资源估价入股或者作为合资、合作的条件，采取股份合作的方式将林地使用权或林木所有权与使用权入股合作经营。一般有联户林场、乡村木场、国有与集体联合林场、股份制林场等多种形式。凡投入林地、林木、资金、劳动、技术的单位或个人均为股东，由股东组成股东大会，实行同股同权，共同决定森林资源开发利用的有关事宜，并分享相应的收益。根据黔东南州森林资源权属主要为个人和集体这一实际情况，适宜将林地使用权及林木折价出资或由评估中介机构进行评估折算为资本金，组建股份制公司或林场。一是以现有林木作价入股。这种方式主要解决林木经营者抚育管理资金短缺的问题，可以提高林分质量。二是以防护林资源入股。这种方式主要以森林公园、各种自然保护区为依托，采取资源加资金加管理的方式打造高质量的生态公园进行生态旅游开发。三是以林地使用权入股，与需要资源的大公司合作建立工业原料林基地。

（4）资源流转。资源流转有多种方式。一是根据采伐限额采伐林木进行销售；二是活立木转让；三是林地流转。无论采取哪种方式，都可以使森林资源立即变现，这是森林资源变现的最快捷方式。采伐林木进行销售是一种传统的经营模式，即将林木采伐后直接流入市场进行交易。随着木材要素市场和林木林地流转相关政策的建立健全，信息得到有效沟通，交易更加公开、公正、透明，林地林木将会更好地发挥它应有的效益。

盛开的兰花（作者 摄）

第六章 林业可持续发展的路径

选择好正确的路径是实现林业可持续发展的关键环节。本章着重对黔东南州林业可持续发展的路径、依赖进行深入研究，目的是为黔东南州林业可持续发展提供可操作的决策参考。

一、林业体制改革与制度创新

1. 深化林业产权制度改革

产权不清、经营主体缺位是制约黔东南州林业发展的一个体制性障碍，是影响生产要素向林业集聚的一个深层次原因。要把深化林业产权制度改革特别是后续配套改革，作为调动全社会发展林业积极性的根本措施来抓。按照“明晰所有权、落实处置权、确保收益权”的发展理念，以建立“产权归属清晰、经营主体到位、责权划分明确、利益保障严格、流转顺畅规范、监管服务有效”的林业产权制度为目标，大胆探索、勇于实践。逐步建立规范的森林、林木和林地使用权的流转制度，明确流转政策和程序，建立和健全森林资源资产评估机构，积极培育林业生产要素市场，盘活森林资产，激活林木交易，实行林产品产销直接见面，努力推进森林、林木和林地使用权的合理流动，调动投资经营者的积极性，通过改革不断增强林业发展活力。

从江加榜梯田风光（王敏 摄）

贵州最大乡村林场——春蕾林场杉林（单洪根 摄）

新中国成立以来，黔东南州进行了多次林权制度改革尝试，但始终难以摆脱“一统就死、一放就乱”的怪圈。这其中有多方面的因素，但归根结底还是政策和制度的原因，林权制度不完善是林业发展所面临的诸多矛盾的集中反映。林业产权制度不完善主要是指权利、义务脱节，难以形成责权利相统一的制度体系[23]。林权制度改革目的在于实现“山有其主、主有其权、权有其责、责有其利”，建立产权归属明晰、经营主体到位、责权划分明确、利益保障严格、流转顺畅规范、监管服务有效的现代林业产权制度，为林业生态建设和产业发展构建良好的管理体制和政策环境，达到林农增收、资源增长、社会增效的目标。

集体林权制度改革是经济领域的新一场革命，是新时期农业生产关系的一次大变革，是紧扣林农利益诉求造福民生的德政工程，是落实科学发展观、构建和谐社会的重大举措。

要实现林业产权制度的创新，赋权与规制是两种不可或缺的手段。传统的集体所有制抑制了林区群众的创造性和积极性，为了激发广大林区群众投身林业经营的热情，赋予其实实在在的权力无疑是正确的选择。但也应当看到，森林不仅具有经济效益，还具有社会效益和生态效益，营林生产带有明显的外部性，森林资源的外部性导致市场失灵，要实现森林资源外部性内在化则需政府采取必要的规制措施。

因此，体制改革中要打破单一体制的束缚，实行跨行业、跨部门、跨地区、跨省界的经营；打破单一的经营形式的旧框子，实行多种经济成分、多种所有制、多种经营方式，调动社会各方面的有利因素和积极性发展林业。在林业产权制度的改革与创新时应做到：强化森林经营方案的指导作用，改革森林经营管理政策；探索集体林场经营管理体制，实现经营主体多元化；鼓励科技创新，引导林业向规模化、集约化方向发展；积极转变政府职能，加快中介机构的发展步伐；坚持社会办林业的指导思想[24]。集体林权制度改革基本完成后，也要进一步加快国有林场和国有林区改革的步伐，以坚持促发展为核心、惠民生为重点、保生态为目标，按照市场化的运作方式进行企业重组，实现政企分开，社企分离，努力实现林场、林区管理体制健全，经营体制完善，提高林业组织化、专业化、产业化水平，促进林业增效、林区和谐。

例如，锦屏县是全省集体林权制度改革试点县之一。全县拥有国土面积15.97万公顷，林业用地12.65万公顷，人均林地9.1亩。全县有乡村林场376个，经营面积4.99万公顷，占集体林地面积的39.71%，森林覆盖率72.01%，活立木蓄积量768万立方米。2007年，锦屏县开展了集体林权制度改革试点。全县纳入林改的林地11.67万公顷，完成勘界确权面积11.57万公顷，占林改面积的99.2%，勾绘宗地13.4万宗。全县189个村与各农户签订了责任山承包合同，占应签农户的100%，167个村已发放林权证3.65万本，涉及3.4万农户。全县山林纠纷1695起、0.74万公顷，已调处1660起、0.65万公顷，调处率为88.2%，理顺了乡村林场经营体制，编制了村级森林经营方案，促进了林农增收和村级集体经济增长，密切了干群关系。

2. 建立有效生态补偿机制

森林的生态效益之所以要补偿，是因

红豆杉提取紫杉醇加工设备①（作者 摄）

红豆杉提取紫杉醇加工设备②（作者 摄）

2011 年天柱邦洞修建崇尚文化的尚贤楼（作者 摄）

为生态效益是建立在部分林农的为维护生态效益而牺牲其经济利益的基础上的，生态补偿是对这部分林农经济利益的货币回报[25]。

（1）**生态效益公共财政补偿机制。**政府作为一种非市场力量，利用其权威对森林生态效益的提供者予以经济上的补贴，使其外部性内部化，以达到森林生态服务功能持续有效供给的目的。森林生态效益公共财政补偿机制是政府为了弥补市场机制缺陷所做的一种制度安排，是对市场机制的补充和修正。《中华人民共和国森林法实施条例》规定，防护林和特种用途林的经营者，有获得森林生态效益补偿的权利。但是，目前公益林实行森林生态补偿的地区只限于非天然林保护工程区，而没有包括天然林保护工程区。就是在非天然林保护工程区实行的补偿，也只是每年每亩 10 元，如此低的补偿标准，根本不能保障林农利益，因此，应尽快落实公益林区的生态补偿及生态效益补偿政策，且适当提高补偿标准，确保被划入公益林区的群众来自于林业的收入接近于商品林的收入，充分调动林农造林护林的积极性。

（2）**森林碳汇项目。**《京都议定书》规定 41 个发达国家，承担控制导致全球气候变暖的温室气体排放的法定义务。这也就是说，在世界的范围内已经承认森林资源的碳汇功能的有形化、产权化和市场化，林业的生态服务可以通过贸易获取回报的时代已经到来。森林碳汇项目作为森林生态补偿的一种特殊形式，完全采用市场机制进行运作，将有利于我国林业建设筹集大量国内外资金，促进森林生态效益市场化和货币化的进程。

（3）**森林生物多样性交易。**生物多样性在具有内在价值的同时，还提供具体的效益，此外生物多样性的社会价值，也越来越被认识到是人类健康的基础。与森林相关的生物多样性补偿的市场化途径主要在以制药为主的生物业与原始天然林经营机构之间进行。制药业基于对基因利用的需

榕江三宝侗寨鼓楼（作者 摄）

求，愿意支付拥有原始天然林的经营管理机构森林保护的费用。

这里，森林保护生物多样性的作用被赋予了市场价值。虽然这种生物多样性的交易混合了获利和保护的双重动机，并具有一定的局限性，但在权属明确的条件下，为森林生物多样性效益形成市场资金补偿、循环理清了思路。

（4）森林水文服务流域补偿。在森林生态效益补偿的市场化途径中，流域上下游之间通过协商谈判达成补偿协议是一个受到广泛关注而且极具实践意义的方面。就森林生态效益补偿而言，流域上下游之间的补偿问题主要涉及森林的涵养水源、保持水土、净化水质等水文方面的生态服务功能。长期以来，流域上游地区承担了提供水文生态服务的主要责任。但却对上游因提供这种水文生态服务造成的机会成本没给予任何补偿，这一方面对上游来说是不公平的，另一方面，上游由于缺乏经济激励，其供给水文生态服务的积极性就会下降，最终会导致流域生态服务质量的下降。

3. 推进森林资源采伐管理制度改革

森林是可再生循环利用的资源，科学抚育、合理采伐是打破林业发展瓶颈、加快林业发展、促进森林健康成长的关键所在。要实现可持续发展，就必须进行林业采伐限额管理制度改革。采伐限额管理

20 世纪 80 年代中期，清水江茅坪水运局贮木场（单洪根 摄）

雷公山野生天麻（单洪根 摄）

作为森林资源的行政管理手段，在森林资源市场化管理过程中，起着十分重要的作用，但是限额采伐的目的是减少森林资源的消耗量，虽然近期内保证了森林资源的存量，但长期的结果会打击生产者的积极性，引导生产者荒芜林地，最终无法发挥森林资源的生态效益。因此，合理可行的采伐限额管理建设是非常重要的[26]。黔东南州“十二五”期间，每年采伐限额确定为370余万立方米，是科学合理的。

（1）**限额采伐管理**：采伐（挖）非林地上营造的商品林、苗圃地内人工播种或扦插繁殖而培育的苗木可以不纳入采伐限额管理，由林权所有者提出申请，经县级林业主管部门对其造（育）林面积、树种和蓄积量等情况核实后，给予办理林木采伐和流通放行手续。放活林木采伐和流通，以森林经营方案为依据，在方案确定的经营期内，不受年度采伐指标的限制，林农可以根据市场需求及自身经济状况自主经营。

（2）**生态公益林采伐管理**：可以按有关规定划分为特殊保护、重点保护和一般保护三个不同保护等级，采取不同的采伐管理方式。特殊保护的生态公益林，实行最严格的保护措施，禁止采伐。重点保护的生态公益林，可以采取必要的抚育和更新性质的采伐。而一般保护的生态公益林，即特殊保护和重点保护区域外的生态公益林，可进行合理性改造。

（3）**商品林采伐管理**：可以按起源再划分为人工商品林和天然商品林。对于不同的经营模式采取不同的采伐管理方式。对于人工商品林的皆伐根据林木主伐年龄大小及生长情况，争取公开、透明、阳光操作方式，安排采伐先后顺序；间伐根据林木生

三穗县良上乡老山坡野生天麻（作者 摄）

苗族竹工艺品（单洪根 摄）

木雕工艺品（作者 摄）

长情况，结合林木年龄大小，确定采伐先后顺序；再根据林木经营者的申请分配采伐指标。天然商品林按林木成熟程度，结合外部环境，如山场远近、利用程度等情况，确定林木采伐的先后顺序，然后再结合林木经营者的申请，分配采伐指标。对于人工用材林的采伐管理适度放宽。

在采伐限额总量控制内，根据计划采伐指标，按照“指标随着资源走”的原则，并与迹地更新、森林防火、病虫害防治等实绩挂钩，将年度林木采伐指标分配到乡镇或林场，由乡镇分解到村。根据村民申请，村委会讨论提出采伐指标安排意见（当需求量大于指标时，为保证公平，有的村也采取抓阄的办法进行安排），上报到乡镇人民政府或乡镇林业部门初审，由县级林业主管部门批准采伐。在分配中严格执行木材生产指标分配公示制度，确保公开、公正、公平。

4. 税收及激励机制的创新

税收是财政收入的主要来源，是调节收入分配的重要工具，是调控经济运行的重要手段。经济决定税收，税收反作用于经济。税收对经济的反作用，主要通过税种、税率、减免税、税负、征管等要素调节各方经济利益，影响经济发展。税收作为经济杠杆，政府运用税收手段，既可以调节宏观经济总量，也可以调节经济结构。通过税收优惠、增税与减免税等手段来影响社会成员的经济利益，引导企业、个人的经济行为，对资源配置和社会经济发展产生影响，从而达到调控宏观经济运行的目的。例如，可以通过不同税率的调整，税收优惠政策的实施，鼓励一部分地区、一部分行业加快发展，达到调节经济的目的。国家现在实行了促进下岗失业人员再就业、促进农民增收、促进高新技术产业发展等许多税收优惠政策，调节作用

芭莎苗寨传统织布机（作者 摄）

源产品具有明显的特殊性，如功能分类差异：有公益林与商品林差异；树种功能差异：有适宜防火的低树脂林种、适于城市绿化的景观树种等。差异的存在使林产品种类繁多、价值各异，税收制度应顺应这些差异，制定由不同条款组成的税收制度体系，以与资源禀赋结构相适应[27]。

税收优惠是国家利用税收促进经济发展的一个重要方面，是以减少税收为代价，换取经济发展。所以，也应当把税收优惠的重点放在支持生态的发展和促进林业产业结构调整上，可采取投资抵免、降低税率、税前费用扣除、加速折旧等形式，加大对科技、农业、生态环境扶持力度。通过调整税收政策，促进林业产业的发展。

实行债务豁免激励政策，对区划在公

还是比较明显的。

税收政策必须体现国家产业政策，支持高新技术产业的发展，扶持弱势产业的发展，促进产业结构的调整。林业税收应作为调节、鼓励林业生产的一个重要手段。振兴西部是国家的经济发展战略，区域制度创新不能脱离国家经济发展大局。税收制度收入功能的由强转弱，可能导致短期地方收入下降，从而需要中央财政以财政转移支付方式予以适当支持。同时，制度创新的示范效应也要全面分析，防止出现负面影响。税收制度结构要向森林资源禀赋结构收敛。相对于其他物质产品，林业资

清水江放排下滩（单洪根 摄）

益林区内的人工林全部免除贷款投资造林债务，并对采伐、更新的公益林木材出售给予税费优惠。建立有效的税费奖励扶持政策，鼓励林产品加工企业技术创新和精深加工，提高木材资源综合利用率，增加林产品附加值。

二、资金保证

1. 财政投入

建立健全林业投入的政策法规，使财政对林业的投入成为一项长期和稳定的制度，确保投入到位，充分发挥财政资金对林业发展的积极作用。特别是随着社会经济的发展，必须由公共财政投入的，应及时予以解决，否则影响林业发展，如对农民造林进行直接补贴、对林业保险业务亏损的企业进行补贴及生态补偿、税费减免扶持等支出。

公共财政投入包括，一是林业公共工程支出，即为促进林业可持续发展而发生的支出，包括林业重点建设工程支出、公益林建设工程支出、森林保护设施建设工程支出和良种基地建设工程支出；二是林业公共管理支出，即为保障林业公共事业正常运行而发生的支出，包括林业局管理经费支出、工作站管理经费支出、检查站管理支出、保护区管理经费支出、森林公园管理经费支出等；三是林业公益补偿支出，即

侗乡从江鼓楼（作者 摄）

为保护林业生态主权而发生的支出。包括林业科技文教卫生、公益林效益补偿支出、各场圃公益补偿支出；四是林业公共安全支出，即为维护林业公共安全而发生的支出，包括森林公安经费支出、森林防火经费支出；病虫害防治经费支出，资源监测经费支出、生物保护经费支出[28]。

按照上述分类，财政投入林业重点包括生态公益性建设项目；造林绿化、种苗培育和森林生态效益补助；森林防火和病虫害防治；森林资源管理；商品林基地建设项目补助资金；林业科技文教卫生[29]。

2. 社会资金参与

吸引社会资金参与林业建设，必须建立健全配套改革措施，构建融资平台和建立制度。只有优越的政策制度，才能吸引社会资金向林业的持续投入。

吴敬梓笔下的镇远铁溪神秘的龙池（王敏 摄）

障。根据目前福建等省开展的关于林权抵押贷款的实践，建议尽快制定统一的《林权抵押贷款实施细则》，具体明确林权抵押贷款的指导思想、办事机构、办事原则、支持方向、贷款条件、贷款用途、运行程序、资产评估、风险防范、监督管理、偿债处置、林权证登记管理和森林资产评估管理等内容，从而为林权抵押贷款制度的实施提供法律保障。

（1）**推行股份制林业**。股份制是一种开放型的经营组织形式，股票市场是股份制的重要内容之一。股份制林业的发展，除了依靠行业和集体林区林农之外，还必须依靠社会各行各业；要利用股份制的优势到社会上广泛融资，让林业股票走向市场，这不仅是林业股份制自身完善的需要，也是林业全面走向市场的一条捷径。这里需要解决好两个方面的问题：首先，要打破现有林业经营管理模式的条条框框，按照股份制的一般要求完善股份制林业。其次，股份制林业企业内的国家资产最好以债权形式出现，不要以股权形式出现。这样可以避免行政干预，吸引更多的股东积极投资，增强股东对企业管理者和经营者的约束力。

（2）**制定和完善融资法律法规**。融资制度的有效实施有赖于法律法规的保

（3）**转变林业投融资政府职能**。林业投资需要良好的投资环境作保障，转变政府职能是优化投资环境的关键。在市场经济条件下，林业投融资体系通常由4个方面构成：林业投融资主体、政府、银行与证券金融机构、中介机构。在这4个方面中林业投融资主体是中心，其他方面应各司其职、分工协作。政府的职能主要是为林业生产经营活动提供一个良好的社会环境，包括体制环境、法律环境、社会保障体系、公共基础设施等。概括起来就是为林业生产经营活动提供良好的服务，做好林业宏观调控。各级政府应当适应新的形势，进一步改进林业经济调节和市场监管的方式，切实把政府经济管理职能，转到主要为市

中国竹编艺术之乡——三穗竹编产品①（作者 摄）

以推进短周期工业原料林、速生丰产用材林、竹业和名特优新经济林建设为重点；以扶持新兴产业、培育林业经济新增长点为重点；以扶持龙头企业发展为重点；以推动多种所有制经济共同发展，适当扶持非公有制林业经济为重点。

（2）建立分地域分树种的信贷周期政策。黔东南的东八县和西八县立地条件差异较大，树木生长发育和工艺成熟期也有差别，即使在同一个立地区，不同的树种、不同的用途，林分数量成熟期差异也是比较大的。在全州统一实行一个信贷还款期是不符合林业实际的。合理的做法应该是，综合考虑立地条件、

场主体服务和创造良好林业投资环境上来，通过深化林业改革，完善市场体制，规范市场秩序，改善市场环境，保障市场运行，发挥市场效益[30]。围绕“服务、管理、执法”三大职能和“精简机构，提高效率”的原则，科学设置林业内部管理机构和职能，大力推进林业内部管理体制改革。

3. 金融信贷投放

市场经济条件下，国家财政的影响力将逐步退出商品性生产资金运动过程，政策性金融涉及的范围和作用将逐步减弱，林业的发展需要更强有力的资金作保证，因此应进一步理顺林业融资关系，完善林业的商业性贷款信贷服务机制。

（1）明确信贷扶持重点。

中国竹编艺术之乡——三穗竹编产品②（作者 摄）

竹编艺术之乡——三穗楠竹林（作者 摄）

树种以及培育目的三个主要因素，按照不同的组合，划定短期、中期和长期政策贷款区域，在此基础上，制定全州范围的林业项目信贷种类的地域分布表，合理配置贷款资源，提高贷款的使用效率。

（3）**解决林地林木资产抵押问题**。针对林木资产抵押工作起步晚、落实难的问题，为了规范林业贷款的抵押担保管理，建立森林资源资产的流转机制和林业风险补偿机制，支持林业保险业务的全面开展，林木资产抵押管理的关键在于合理解决资产评估、风险防范、监督管理、偿债处置4个方面的问题[31]。大力开展抵押贷款业务，解决融资问题，扶持非公有制林业发展快速发展。西部地区经济基础薄弱，地方财政困难，不能投入较多资金发展林业，加上金融部门普遍认为林业生产风险大、周期长，对林业产业都持畏惧贷款的态度，非公有制林业发展很难争取到银行的信贷支持，林业发展融资困难，渠道狭窄，既缺乏“输血”机制，又缺乏“造血”功能，营林造林实力薄弱，导致林业生产建设仅依靠国家投资，生产项目仅依赖于林业建设项目，非公有制林业经济发展缓慢，影响林业产业化进程。

三、科技支撑与能力建设

1. 健全科技服务体系

随着集体林权制度的改革，确定了林农的经营主体地位，有效地调动林农造林

春蕾林场防火瞭望塔（单洪根 摄）

营林积极性。但在新的形势下，林权单位变小，科技服务对象点多面广，原来的科研、生产、推广体系的运行机制、管理方法等与当前生产发展的需求已不相适应。因此，需要构建新型林业科技服务体系：一是加强林业科技推广体系建设；二是发挥“村会协作”的作用，积极引导各村建立村级林业协会、果业协会等群众性自我服务组织和中介机构，增强村组林业管理和服务能力；三是创新推广理念，改进推广方法，拓展林产品销售渠道。

2. 机构完善和人才培训

为进一步理顺林业管理体制，需按照“精简、统一、效能”的原则，建立以管理、执法、服务为主要职能的新型林业管理模式，为林业可持续发展提供良好保障。

(1) **提高效能**。为提高工作效率，加快集体林权制度改革进度，实现黔东南州林业的可持续发展，需采取“合署办公、集中办事、便民利民”的办法，各县组建集信息发布、交易实施、中介服务于一体的林业综合服务中心，集中到政务中心统一办公。中心内设森林资源评估中心、林权抵押贷款中心、林木林地流转交易中心及林业综合服务窗口，其中林业综合服务窗口内设信用贷款，林业税费征收，植物检疫、采伐办证、运输办证、林木林地流转、木材加工经营许可、森林资源评估，政策及技术服务咨询等分窗口，由原来要几天时间才能办结的手续，提高到只需要在几个小时之内就能全部办理完毕的工作效率上来，使办事群众能在最短的时间内办好、

月亮山的民居（莫章海 摄）

林区旅游景区古城隆里（单洪根 摄）

办完手续。

（2）精简机构。为进一步整合林业管理机构资源，必须在充分调研的基础上，加大对各县林业系统内设机构调整力度，进一步深化林业行政事业单位人事制度改革，通过"三定方案"（定岗、定编、定员），实现林业干部职工的重组，将林业自收自支人员纳入财政管理，减轻林业部门的负担，促进林业部门由管理型、经营型向服务型转变。在机构配置上要从注重微观管理向注重宏观调控的转变，从注重行政审批向注重公共服务的转变，顺利地把工作重心转移到宏观指导、行政执法、市场管理和公共服务上。

（3）整合林业行政执法力量。为切实解决林业系统执法机制职责交叉、多头执法、重复执法等问题，理顺执法职能，切实提高林业行政执法整体水平，需成立林业综合行政执法大队、林业综合行政执法监督小组等领导、协调、监督机构，并对现有的林业行政执法职能和执法队伍进行强力整合，形成以森林公安为主体，林政和木材检查总站为辅的林业综合行政执法大队，机构设置为林业局二级机构。对相关职责进行调整和细化，将林业行政管理中的资源林政、木材检查、

具有苗族建筑风格的台江木质别墅（作者 摄）

森林公安、野生动物保护、种苗管理、林地调处等单位行政执法职能统一归口到林业综合执法大队。

根据林业人力资源状况，人才的培训需采取多形式、多渠道的方式进行。培训任务需向高层次、多层面方向发展：一是要积极开展面向高层次专家的研讨式培训班；二是大力举办以高层次专业技术人才为主要对象的示范性高研班；三是全面推进专项继续教育活动。

3. 林业信息化及市场体系建设

信息服务网络的建设是黔东南与外界建立更好的信息交流机制，为森林资源更顺利地走向市场，进行市场流通搭建信息平台。信息技术在黔东南森林资源资产化中的运用，是黔东南林业可持续发展的新的推动力量。主要做法是，建立全州统一的林业要素市场网络，并在黔东南州林业网站及其他重要网站开辟黔东南州森林资源资产化信息专栏，就森林资源资产化进程、流转机制的构建情况、市场动态、运作情况、森林资源产权落实情况、森林资源资产评估机制的构建情况等作具体介绍与分析。同时，通过信息服务网络为黔东南州森林资源的流转办理有关事宜。通过信息网络，社会、企业向政府及林业部门提供有关

1983 年 8 月，中顾委委员、国家林业部原部长雍文涛（右）视察锦屏林业（单洪根 提供）

凯里炉山封山育林（单洪根 摄）

近年出版的锦屏文书系列丛书（王宗勋 摄）

锦屏民间收藏的林业契约文书（王宗勋 摄）

信息，政府及林业主管部门则通过信息资源更好、更快捷地服务于社会。政府机构应用现代信息和通信技术，将管理和服务通过网络技术进行集成，在互联网上实现政府组织结构和工作流程的优化重组，超越时间、空间与部门分隔的限制，全方位地向社会提供透明、规范、优质、符合国际水准的管理和服务。

建设和完备林业市场体系，加强对林产品市场的规划、建设和管理，完善木材及林产品运输管理制度，打破区域的行政封锁，改善林产品的流通环境。铁路中转、储运企业要优先保证将木材及林产品列为铁路重点物资运输。林产品加工企业要充分运用信息技术和现代营销手段，建立和完善市场预测系统，及时掌握市场供求信息，按市场需求组织生产，建立林木经营者市场和产权交易市场。大力发展电子商务、物流配送等现代营销形式，提高森林经营的组织化程度，努力开拓市场，扩大交流与合作，搞活森林资源资产的流通。

四、生态文明建设

生态文明是指人类在改造客观物质世界过程中，自觉遵守自然和社会客观规律，不断调整改善进而实现低消耗、低排放、高利用的产业结构和生态化的生产方式和生活方式，达到人与自然、经济和生态和谐共进，取得的物质和精神的总和，是人类文明的高级形态。其核心是人与自然核心的价值观在经济社会发展中的落实及其成果的反映，它摒弃人类破坏自然、征服自然、主宰自然的理念和行动，倡导在经济社会发展中尊重自然、保护自然、合理利用自然，并主动开展生态建设，实现生态良好、人与自然和谐[32]。

1. 生态法律制度

(1) 建立完善的法律体系。法律对于完善资源市场和优化配置起着重要作用。

三穗寨头苗族“二月二”禳桥节祭拜的接龙桥 ①（作者 摄）

法律应该明晰产权，由各级人民政府负总责，加快确权发证工作，依法严格保护林权所有者的财产权，维护其合法权益。积极调处林权纠纷，明晰所有权。

（2）引入立法听证制度。在林业可持续发展中，应结合国情，在有关林业立法决策程序中引入立法听证制度。立法听证是立法主体在立法活动中进行有关涉及公民、法人或其他组织的权益立法时，给予利害关系人发表意见的机会，由立法主体听取意见的程序的法律制度。进行林业可持续发展机制立法时，要广泛听取林区居民的意见，充分了解事实、了解林区居民的意愿，在广泛听取各种意见的基础上集思广益、正确决策。

（3）明确非公有制林业的法律地位。进一步明确非公有制林业的法律地位，为各种林业经营主体创造公平竞争环境。鼓

三穗寨头苗族“二月二”禳桥节祭拜的接龙桥 ②（作者 摄）

森林掩映下的山水古城——镇远（王敏 摄）

励农户、城镇居民、科技人员、私营企业主、外商和企事业单位、机关团体的干部职工，参与造林绿化、森林资源保护、产业开发，享受国家有关扶持政策，大力扶持各类造林专业队、造林公司和造林大户[33]。

（4）完善公益林和商品林的分类管理制度。根据生态公益林和商品林对森林价值的不同侧重，建立不同的经营目标，明确林权主体对其拥有的森林资源的不同权利。对于生态公益林，林权主体拥有有限的（法律限制，并以必要为限）经营权。对经营权受限所造成的损失，林权主体还应拥有向国家或生态受益单位索取生态补偿的权利。对于商品林，在不破坏生态环境和符合森林资源科学经营的条件下，林权主体对其拥有的森林资源拥有完全的自由支配权[34]。

2. 生态文化建设

（1）坚持生态文化建设与可持续发展相协调的原则。党的十六大提出，要不断增强可持续发展能力，改善生态环境，显著提高资源利用效率，促进人与自然的和谐，推动整个社会走上生产发展、生活富裕、生态良好的文明发展道路。十六届三中全会以“三个代表”重要思想为指导，在总结以往经验的基础上又提出了包括统筹人与自然和谐发展的科学发展观。

（2）政府要在生态文明建设的硬约束上有所建树。首先，要建立综合决策制度，用政府的权威保证生态环境免遭破坏。其次，要适时出台相关政策，用宏观调控手段引导生态建设的积极性。再次，要充分发挥环境和资源立法在经济和社会生活中的约束作用。

（3）加强生态科学知识的教育和普及，提高全民生态意识水平。在这个过程中，各级学校要加强生态环境教育，培养生态文化的观念和意识，努力造就具有生

清水江古代放运木排工具（单洪根 摄）

态环境保护知识和保护意识的一代新人。提高政府和企业管理人员的生态文化素质，使生态建设和环境保护成为政府决策和企业行为的自觉行动[35]。

3. 黔东南州生态文化挖掘与利用

经济的发展，离不开消耗土地、能源、人力、物资、环境等资源，而这些资源总是有限的，我们应把本土文化转化成资源加以利用，而文化资源恰恰是取之不尽用之不竭的。

（1）正确处理保护与开发的关系。在自然生态保护中我们有很大困惑。保护青山绿水，禁伐天然林和限额采伐人工林，老百姓却守着宝藏过着穷日子。在他们没有更好的门路之前，生态保护工作压力很大。随着交通条件的改善，生活水平的提高，思想意识的更新，乡村建设也渗透了"现代化"。要保护特色文化，需费一番工夫去设计和包装。而这种特色，这种增加成本的"特色"如果没有效益，群众根本就没有自觉性。

（2）打造木商文化品牌。木商文化是清水江流域所固有的生态文化。它源于明清两朝"皇木"的征采，源于600年间清水江木材市场的起落兴衰。因清水江林业市场的开放，无限商机和丰厚利润诱惑着省内外木商蜂拥而至，形成了"三帮"、"五

雷公山响水岩水库一带的幽泉（莫章海 摄）

中国地方名鸭——三穗鸭（颇洞生态养殖场）（作者 摄）

勷"、"十八帮"群体抢滩清水江木材市场的局面[36]。

锦屏是清水江流域木材贸易的中心，大量木商文化遗产在这里囤积。轰动世界的锦屏林业契约文书、遍布清水江两岸的古石板道、窨子屋民居、庙宇和会馆宗祠以及古拴排石桩等明清木材贸易文化遗迹，以其特有的古朴厚重充分彰显着清水江木商文化的魅力。在锦屏建立"木商文化遗产博览园"，可将这一文化加以传承和发展，从而使文化资源优势转化为经济优势。

（3）开发利用"锦屏文书"。锦屏文书是黔东南清水江流域农耕社会所特有的契约文书，又称清水江林业契约，现已收集整理10余万份，文书产生的区域以锦屏为中心区，包括黎平、天柱、剑河、三穗等清水江中下游苗族侗族地区，文书内容涵盖了山林土地等财产买卖契约、山林土地租佃及股份分成契约、财产登记簿册、典当借贷契据、乡规民约和民间矛盾纠纷调解及诉讼文书等，文书中大量记载有清代至民国300多年间清水江中下游林区林业管理、林权合理转移、林地收益分配、民间山林土地可能性纠纷调解等方面的经验和做法。对"锦屏文书"进行开发利用，可从其中找到现阶段林业发展所需要的"青山常在、江水长流、生态长好、经济长荣"的答案。

（4）加强生态旅游品牌的打造。保护文化生态和自然生态，打造原生态旅游品牌，就是为了建设一个生态、经济和社会同步发展的美好家园。首先，要提高生态旅游的文化含量。其次，要借鉴先进经验，用文化底蕴服务生态旅游。再次，要注重挖掘、保护和开发，形成独具特色的生态旅游文化。

锦屏国有林场半坡林区（单洪根 摄）

系统承载能力的矛盾：一是调整产业结构；二是建设生态工业；三是建设生态农业；四是开发新产业；五是改善生产方式；六是积极发展生态经济。

（3）树立可持续发展理念，转变生活和消费方式。要树立生态优先和正确的消费观念，即当生态系统的经济价值与生态价值发生冲突时，应以生态价值的实现作为优先考虑的对象，大力倡导节能环保、爱护生态、崇尚自然，倡导绿色消费、适度消费和环保消费。这是生态文明价值观实现的前提[37]。

三穗县良上乡小巴冶 300 多年的绒毛油杉（作者 摄）

4. 文明的生产生活方式

人类是建设生态文明的主体，我们必须将生态文明的内容和要求由内而外地体现在人类的思想、意识、伦理、道德、教育、法律、制度、生活方式、生产方式和行为方式中，从生产生活和消费方式上进行真正的变革，这样才能实现生态文明的目标。

（1）正确认识生态系统的三重价值及其关系。生态价值是第一位的价值，经济价值和精神价值都是生态价值的升华实现形式。生态价值的第一位性，一方面表现在生态价值是所有价值存在和实现的前提和基础；另一方面表现在生态系统的生态价值是难以用经济价值来衡量的。

（2）转变生产方式，发展可持续的生态经济，创造符合生态规律的经济价值。生态文明必须克服经济发展超越自然生态

第七章 结 语

进入21世纪，黔东南林业已进入由木材生产为主向生态建设为主的历史性重大转变。这是经济社会快速发展和人民生活不断改善对新世纪林业提出的新的更高的要求。目前，黔东南生态环境形势良好，但源于一些旧的体制、机制及政策的问题，制约了林业的快速发展，要实现党中央提出的“基本实现山川秀美”的宏伟目标，黔东南林业的发展应当确定什么样的战略思想、战略目标、战略途径和战略措施，是关系黔东南林业可持续发展的一个关键而重大的问题。通过对黔东南州林业可持续发展战略的研究，得出以下结论。

1. 林业可持续发展战略是解决“绿色增长”的有效途径

林业可持续发展是世界林业发展的趋势，是林业分工论、现代林业理论及可持续发展理论在实践中的具体应用。林业发达国家及国内一些相关试点工作表明，实

施秉云台山主峰（王敏 摄）

施林业可持续发展战略可以很好地解决林业发展的瓶颈限制，为林业发展带来新的生机。

2. 体制改革与制度创新是实现林业可持续发展的基本前提

改革黔东南现行“政企合一”的低效运行管理体制，建立“政企分离”的高效运行机制，转变政府职能，推进林权制度改革，实现经营主体多元化，建立生态补偿机制，完善森林生态服务成本核算体系，创新税收管理及激励机制，从体制与机制上为黔东南林业的可持续发展扫清障碍。

3. 资金保证是实现林业可持续发展的客观要求

增加必要的公共财政支出，对财政支出项目进行科学分类，并对其中公共性或公益性支出予以重点保障，建立健全配套改革措施，构建融资制度，理顺林业融资关系，完善林业的商业性贷款信贷服务机制，吸引社会资金参与林业建设，以保障林业可持续发展对资金的客观要求。

4. 科技支撑与能力建设是实现林业可持续发展的必要条件

健全科技服务体系，最大限度地满足

木材水运古码头天柱三门塘天后宫（作者 摄）

天柱三门塘木材运输古码头——刘氏宗祠（作者 摄）

古松树林（王敏 摄）

林农对科技信息的需求，完善机构和人才培训，建立林业信息化体系，以信息化带动产业化，以实现生产力的可持续发展。

5. 生态文明是林业可持续发展的主导需求

建立完善的法律体系，建立协调机制，明确非公有制林业的法律地位，引入立法听证制度，加强生态文化精神建设，挖掘、利用生态文化，拓宽文化载体，丰富文化内涵，打造木商文化品牌，从生产生活和消费方式上进行真正的变革，以实现林业可持续发展的主导需求。

6. 营造良好氛围是林业可持续发展的有力保障

林业可持续发展是一项复杂的系统工程，它的实施离不开林区的实际情况。通过多渠道宣传，使群众切实树立起森林资源的资产观、价值观，从而为林业可持续发展创造良好的氛围。新的历史时期，黔东南州林业面临着生态建设、经济发展、林业改革三大任务，必须树立强烈的资产观、价值观和高度的历史责任感，坚持以人为本，全面、协调、可持续的科学发展观，认真实施生态立州战略，按照“分类经营、分区指导、调整结构，生态提质、产业提速”的发展思路，坚持生态优先，加快林业产业结构调整，转变发展观念，创新发展模式，提高发展质量，处理好发展、改革与稳定的关系，才能更好地推动林业可持续发展进程，进而实现经济、社会与生态的同步发展。

黔南第一洞天——黄平飞天崖古刹（作者 摄）

创新思路、积极探索，促进杉乡林业大发展

锦屏县人民政府县长
锦屏县集体林权制度改革领导小组组长　袁尚勇

锦屏县作为全省首批集体林权制度改革县之一，深深体会到了这份历史重任的时代意义。近一年的时间里，在省州领导高度重视下，我们紧紧围绕建立“经营主体明晰，责权划分明细、利益保障严格、流转秩序规范、监管服务有效”的现代林业经营体制，确保实现“山有其主、主有其权、权有其责、责有其利”和“生态受保护、农民得实惠、产业能发展”的目标，创新举措，大胆探索，积极开展集体林权制度改革试点工作，初步取得了一些经验，也获得了一些成果。借此机会，我就锦屏县林业的基本情况和集体林权制度改革试点工作从五个方面作如下汇报。

第一部分　把握县情、抓住机遇

锦屏县是我国杉木中心产区之一和全省 10 个重点林业县之一，同时是贵州省农村改革林业单项改革的唯一试点县，属国家级贫困县。全县辖 8 乡 7 镇，205 个行政村，4 个社区和 1 个居委会，全县总人口 21.87 万人。共有土地总面积为 239.5 万亩，林业用地面积为 189.8 万亩，占了全县土地总面积的 79.3%。在全县总人口中，林农就占了 80%，农村人口人均林地达 9.1 亩。森林覆盖率 70.9%，活立木蓄积量 768 万立方米。全县共有乡村林场 376 个，经营面积 74.82 万亩，占集体林地面积的 39.71%。

作者于 2008 年 10 月在贵州省集体林权制度改革培训班上就集体林权制度改革工作进行讲授及经验介绍

自 1958 年我县获得周恩来总理亲笔签名的“农业社会主义建设先进单位”起，又

锦屏文书暨清水江木商文化学术研讨会会场，作者（右四）与徐晓光先生（右三）分别主持会议（2010年10月于锦屏）
（杨胜屏 摄）

多次荣获中央和省部级授予的各种荣誉奖状100多次，国家级和省部级劳动模范和先进工作者83人次，全国大面积造林和林木速生丰产现场会、南方集体林区搞活林区经济会议分别于1958年和1984年在锦屏召开。林农每年销售木材收入，加上从事造林营林、采伐运输等林业劳动收入，一般占林农总收入的50%，天然林保护工程实施前各种林业税收占县级财政总收入的60%以上。林业是我县的支柱产业。我县是典型的“八山一水一分田”的林业县。

据史料记载，早在明朝正德九年（1514年），锦屏县内的优质杉木及樟、楠等名贵树种开始作为“皇木”伐运中原。明朝万历年间，文斗《姜氏家谱·记》最早记载了县内林的历史。明万历四十四年（公元1616年）起，外省木商纷纷涌入我县人工造林采购木材。清雍正五年（公元1727年）至雍正七年（公元1729年），贵州巡抚张广泗开始在县内王寨设局征收木材流通税，卦治、王寨、茅坪三寨正式设立木市，管理清水江一带的木政，湖广会馆、江西会馆遍布全县，商贾云集，曾经辉煌一时。这说明，早在16世纪初，即四五百年前，锦屏就形成了具有一定规模和影响的木材市场。

新中国成立后，锦屏县的林业产权历经了土地改革、农业合作化、人民公社、“四固定”、林业“三定”、林业分户经营等多次变革。这些改革在当时历史条件下，对我县林业发展起到了积极的推动作用。解放初期锦屏的大面积人工造林，以及“八年杉”、“十八杉”等速生丰产经验为世人所瞩目。近年来，锦屏县又在民间发现了大量的林业契约（又称锦屏文书），共10余万份，仅遗存民间就有8万多份，其时间跨度之长，数量之多，在全国和世界上均属罕见，甚至在国际上都引起了较大的轰动，被专家们誉为独特的“木商文化”。国务委员陈至立对锦

2012 年 4 月，作者（左三）陪同国家档案局局长杨冬权（左二），贵州省档案局王传福局长（左一）、曾键副局长（左四），副州长刘晓春（右一）在三穗县察看林业契约

屏文书的开发与保护曾作了两次重要批示。

从 1990 年以来，锦屏又相继进行了三次林改，为南方集体林区林业改革提供了示范。我县已经形成了以乡村林场经营为主，农户经营为辅的多种经营模式，在明晰产权方面形成了自留山、责任山、承包山、集体预留公山和林地使用权与经营权分离的林场山等林权形式。尽管进行了三次林改，我县集体林仍存在着产权不明晰、经营主体不到位、经营机制不灵活、利益分配不合理等问题，严重影响了广大林农护林、育林的积极性。林地产出率不高和林农增收不明显，都严重地阻碍了我县林业持续健康发展。因此，开展集体林权制度改革，进一步明晰集体林木、林地产权，消除阻碍林业发展的体制性障碍，使广大林农能自觉地把“山当田耕、树当菜种”，提高林地产出率，对加快林业持续健康发展，促进林农增收，维护社会稳定和推进社会主义和谐新农村的建设，具有十分重要的意义。

在认清我县集体林权制度改革的重要性和紧迫性的同时，我们也清醒地认识到了面临的困难和问题，林改难度超过了历次改革。主要体现为以下几个方面。

（一）产权不明，纠纷难断。由于林业“三定”时期工作简单粗糙，改革不彻底，普遍存在证山不符、一山多证、一证多山、界线不明等现象，90% 的村级界线边界不清，都不愿签协议造成林权证发放困难，为争山争树进行群体性械斗事件偶有发生。平秋镇更豆村吴安杰与本村刘宗康两家，10 年前为砍一棵杉寿木

2002 年中外专家在文斗考察民间契约文书（杨胜屏 摄）

2010 年陈英华、王经勇、朱汉琴及作者等陪同云南省档案局局长黄凤平（左四）、贵州省档案局副局长曾健（左二）等一行到锦屏档案馆察看锦屏文书。（杨盛民 摄）

闹起权属纠纷，把官司打到县法院再上诉、申诉两进州法院，耗时七年，法官因无法取证而不能明断，吴安杰花了一万多元诉讼费用，相当于可以购买这样 10 多棵杉寿木的钱，结果只好不了了之，两家从此结下世仇。类似情况多数乡镇都存在。因此，林权纠纷的调处成了历次改革的绊脚石，不少乡村干部谈林改纠纷而色变，极不利于林区稳定。而这次林改，按照我县制定的林改方案，将明晰林权 170 万亩以上，涉及群众占总人口 90% 以上，难度之大不言而喻。

（二）体制不活，分配不公。目前，林业管理仍是农业大格局中最后的计划经济堡垒，从营林生产到林木采伐，都由林业部门一家包揽，社会投资办林业渠道狭窄，林业多元化进程缓慢。同时，在市场经济条件下，政府支持林业产业发展的举措如税费优惠、投融资等方面的支持政策尚不完善。我县巨大的林业资源优势没有转化为产业优势，更没有转化为经济优势，造成林农经济窘迫，“树在山上长，人在家中穷”，同时影响了县域经济发展。由于林木处置缺乏监管机制，流转极不规范，木材经营流转环节繁杂，农民承担税费过多，国家和部门收益多，群众获利少，严重挫伤了群众育林护林的积极性，在失火烧山时，出现“干部救火、群众看火”的不正常现象。

（三）包袱难卸，产业难推。森工企业下岗职工多，就业难，包袱重。虽然天然林保护工程实施以来，按照有关政策对森工企业职工进行一次性安置已达 555 人，但由于受安置指标的限制，目前我县仍有 591 人森工企业职工未有找到新的工作岗位，各企业无经济收入，企业内部产生的一系列矛盾无法化解。产业难推，一是我县林业产业化程度低，企业实力弱，规模小，经营粗放，没有龙头企业；二是生产工艺落后，资源利用差，科技含量低，没有形成品牌优势，抗市场风险能力弱；三是资金、技术、人才紧缺，信息闭塞，投融资难度大。

锦屏集体林权制度改革面临的机遇前所未有，面临的挑战也前所未有。但改革势在必行，宜早不宜迟。逆水行舟，不进则退。全县上下反复认真学习了中央和省有关林改工作的文件

凯里干部群众义务参加植树造林绿化活动①（洪金州 提供）

精神，充分认识到：此次林改是经济领域一场新的革命，是新时期农业生产关系的一次大变革，是紧扣林农利益诉求造福民生的德政工程，是落实科学发展观、构建和谐社会的重大举措。我们统一思想，凝聚人心，奋力开拓，知难而上，以向历史和锦屏人民负责的使命感，按照省、州部署，紧张有序地展开了林改试点工作。2007 年 2 月 1 日，我县集体林权制度改革试点工作在全县 15 个乡镇、189 个行政村全面铺开。

第二部分　创新思维、探索新路

我们在全面调研的基础上，以改革创新总揽全局，确立了“坚持思维创新，理清总体思路；坚持机制创新，凝聚内外活力；坚持举措创新，提升工作效能”的整体方略，明晰了“前瞻运筹，先易后难，试点先行，分类指导，分步实施，全面推开”的 24 字工作思路，创造性地推进集体林权制度改革试点工作。

一、林改组织四到位

2006 年底，省政府下发了《省人民政府关于开展深化集体林权制度改革工作的意见》（黔府发〔2006〕42 号）文件，我县迅速开展相关组织工作，通过精心部署，在林改过程中始终坚持“四到位”。

凯里干部群众义务参加植树造林绿化活动②（单洪根 摄）

（一）党政领导到位。县、乡、村三级相继成了领导小组，组长由政府主要领导担任，领导小组明确专人负责，抽调专人办公，形成三级党政领导抓林改的高位推动格局。县委常委会召开 3 次林改专题会，县四大班子听取林改专题情况汇报 2 次，

2007年10月作者（左二）、陈英华（右一）陪同省林业厅金小麒厅长（右二）、国家林业局科技中心副主任、副州长（挂职）黄发强（左一）等领导同志到杨溪村考察林改工作（杨胜屏 摄）

县长办公会专题研究林改4次。

（二）**指导服务到位**。我县从全县四大班子和24个局、委、办，抽出62人，组成15个县级林改工作指导组，分别深入乡镇、村组，宣传林改政策，指导林改工作。同时，州委州政府从全州其他县、市抽调15名林业局副局长，安排到各乡镇挂职任党委副书记，协助乡镇专职抓好林改工作。此次参加林改的本县林业技术人员91人，全州各县市187人，从而为锦屏林改工作提供了技术保障。为了更好地服务群众，我县分别对林改工作进行了政策和专业技术培训。政策宣传培训让干部群众明白为什么搞林改、怎样搞林改。勘界登记业务培训，让技术人员在勘界工作中严格依法依规操作。据统计，县、乡、村三级政策培训达760场次，参加培训人员25346人；县乡两级业务技术培训达34次，受训人员达270多人。

（三）**经费投入到位**。在林改初期，我县共投入工作经费430余万元。其主要来源：一是省州下拨57万元，二是处置国有林场4000立方米木材采伐收入160万元，三是县、乡、村三级共同筹集213万元。

（四）**督查考核到位**。为强势推进林改，狠抓制度完善和落实责任，四大班子建立县级领导包乡镇制度，明确县级领导抓林改工作的责任，县委常委会专题研究林改工作，实行林改工作"一票否决制"，强化乡镇主要领导抓林改工作的责任，建立健全《定期汇报制度》、《干部考勤制度》、《全州挂职包乡的林业干部管理办法》、《关于严肃林改工作指导组工作纪律的通知》和《奖惩制度》。县里成立了由县领导带队的四个林改督查工作组，专门制定详细的督查方案和督查内容，定期对各乡镇林改工作进行督查，确保林改工作质量。同时实行"三挂钩"的工作机制：一是林改工作任务与乡镇主要领导的政绩、工资、年终考核挂钩，由负责联系各乡（镇）的副县级领导监督执行；二是派驻各乡（镇）的林改工作员在林改期间的考勤与工资、年终考核挂钩；三是任务完成情况与技术人员职称评聘挂钩。

二、宣传发动四个一

为了让广大群众熟知集体林权制度改革的政策，拥护林改，我县把宣传发动工作贯穿于林改始终，通过层层动员，开展了广泛的宣传动员工作，做到“四个一”。

（一）开好一个动员会。县、乡（镇）、村三级分召开动员会，做到宣传、认识两到位，形成自上而下抓林改、全民参与搞林改的局面。2007 年 2 月，县委县政府召开有县四大班子、林改领导小组成员单位负责人、各乡镇党委书记、乡镇长、分管林业的副乡镇长、林业站长、15 个深入乡镇指导组成员共计 200 余人参加的林改工作动员大会暨试点工作培训会。动员会上，15 个乡镇分别和县政府签订了林改工作责任状，对不能按时完成林改任务的乡镇，在年终考核时林业分值为零分。全县动员工作会召开后，各乡镇、村召开了各类动员会共计 226 场次。

（二）印发一封公开信。今年春节前，县长专门写了一封《致全县农民朋友的一封信》。这封公开信共计印了 51084 份，发到了每一农户手中。偶里乡寨先村两委在今年春节期间，早动员、早宣传、早落实，把《致全县农民朋友的一封公开信》分发到每家每户，制作了林改宣传标语张贴在村口要道，把有关林改政策在广播上重复播讲，村组干划片承包入户宣讲。在宣传发动中，各乡镇都做到了“村村组组都明白，晃晃旮旮都晓得”。

（三）创办一份试点动态。县林改办及时收集每个乡镇和村好的经验做法，编辑成林改专题信息，刊发《林改简报》，送达各相关单位和人员，以便互相交流、共同促进。县、乡两级累计编发简报 285 期。

（四）开辟一个专栏。县电视台专门开辟了林改专题栏目，进行跟踪报道、典型宣传等。目前，省州媒体共刊登锦屏林改报道 65 篇。

三、操作程序六坚持

为严格规范林改工作，做到依法依规依程序，坚持阳光作业，杜绝暗箱操作，我县出台了《关于明确林改工作试点村工作方案的通知》，制定了《关于规范村（组）林改方案制定和审核程序的通知》，林改工作操作做到“六坚持”。

（一）坚持试点先行。在全县林改推开之前，我们选择了林权结构复杂、群众积极性较高、有一定代表性的茅坪镇阳溪村、平秋镇魁胆村、新化乡新化司村等 3 个

2009 年时任贵州省省长林树森（左四）、州委书记廖少华（右二）、州长李飞跃（左一）等领导在作者（左三）的陪同下视察锦屏龙池万亩果园（杨胜屏 摄）

2010 年 5 月，国家林业局集体林权制度改革领导小组副组长黄建兴（左二）、国家林改司副司长江机生（左三）在作者及陈英华等同志的陪同下到锦屏隆里古城调研及指导林改工作。

村先期开展改革试点，对宣传发动、开展培训、调查摸底、制定方案等，进行深入探索。在试点中，做到了村组林改方案规范化，村级公示样板化，村组会议通知、送达回执、表决票样式、村组会议记录和会议签到册格式化，充分发挥其典型示范作用，使其他村学有榜样，赶有目标，促进了全县林改工作稳步推进。

（二）坚持“四签两不准”。在召开村组林改方案票决时，会议通知群众要签收，参加会议要签到，表决票要签名，通过方案要签字；不准代签，不准用圆珠笔或铅笔签字。

（三）坚持“两个三分之二”。各村民委员会及村民小组的改革方案，必须广泛听取村民的意见，分配方案和结果都必须坚持经过村民会议三分之二以上的成员同意，或者村民代表会议三分之二以上的村民代表讨论通过之后，报乡镇政府审核和县政府批准。

（四）坚持“三榜定案”。实行林权现状摸底调查上榜公示、林地使用权登记情况上榜公示、林权发证上榜公示，保证村民知情权和参与权，做到程序、方法、内容三公开。还以召开座谈会、村民代表会、民主议事会等形式，广泛问计于民，接受群众质询和监督，既防止了干部徇私舞弊、优亲厚友，又能查缺补漏、纠正错讹。通过三榜公示群众质疑，全县共查出林权及其界限漏记错记 635 处，均作了纠正。

（五）坚持“4+2”和“四到场”的勘界模式。在外业勘界中，由驻村干部、乡林改办人员、村干部、组干部和勾图技术员、填表员两名技术员组成“4+2”勘界工作队，合理分工，共同负责勘界、勾图、填表。在勘界过程中必须做到“四到场”，即山主到场、接界人到场、技术员到场、村组干到场，确保宗地区划界线清楚、权属明晰、主体明确，保证做到图、表、册一致，人、地、证相符。

（六）坚持村级林改方案“两允许五把关”。对村级林改方案允许形式多样，允许一村一策，严格“五把关”，即林改方案分别由村林改领导小组组长、驻村干部、乡镇林改办、县林改工作指导组、乡镇林改领导小组组长对方案产生是否合法、是否违反政策法规、群众是否满意等方面进行层层审核把关，实行“谁签字谁负责，谁指导谁把关”的责任制。

四、调解纠纷四不出

为妥善处理林权纠纷，我们充分发挥“四不出”即“户与户纠纷不出组，组与组纠纷不出村，村与村纠纷不出乡，乡与乡纠纷不出县”调解机制的作用，尽可能尊重民俗汇集民智，很好地解决了林权制度改革中的一些难点问题，化解了大量沉积多年的矛盾纠纷，有效地把矛盾化解在基层，促进了社会主义新农村的和谐。偶里乡寨先村对户与户、组与组之间的纠纷，采取古时“银两换活路”的办法，收取 50 ～ 100 元的押金，调解达成协议的退还押金；协商不了的，由村里在一周内组织双方进山调解，败诉方所交押金用作调解员误工的“活路钱”，或用作大家聚餐“笑和饭”的饭钱，有效地避免一些村民借林改之期出现“混争”林地林木的现象。据此，该村内部 34 起纠纷全部协商解决。对涉及外村的纠纷，该村也坚持“一走两不走”，即说服村民尽可能走群众路线，不走行政诉讼，不走司法程序解决纠纷，发挥了村民积极性和智慧。该乡的格溪村和寨霞村有 2000 多亩的林权纠纷，曾诉讼法院十多年悬而未决，却在林改中按“一走两不走”，达成了边界协议。林改全程，我县已由群众自行调处的林业纠纷达 1130 起，占调处总数 1190 起的 95%。

邀请熟悉情况的老党员、老村干、老林农、寨老“四老”参与林改。在山区农村，常有一些德高望重的中老年人，在群众中很有公信号召力，被当地人称为“寨老”。我们在积极发挥老村干、老党员、老林农作用的同时，真诚请“寨老”出山，收效良好。偶里乡寨先村寨老吴育健，受邀义务参与纠纷调处 20 天。该村与平略镇果从村有 8 处插花地，过去纠纷不断，被吴老有理有据地明确了插花界限，又以乡情亲情打动矛盾双方解开疙瘩，握手言欢。

木门半成品（作者 摄）

木质楼梯（作者 摄）

雷公山玉兰（单洪根 摄）

我们在高度重视群众首创性，紧紧依靠群众的同时，坚持从实际出发摒弃本本主义，创新举措，灵活处置。例如对户主开会签到和方案表决的按手印问题上，实行具体情况具体对待，不搞千篇一律，对群众按手印的，都标明是用第几指。对处理县际、省际边界纠纷时，坚持“走出去请进来”的做法。为搞好外业确权勘界，有的乡镇对于涉及与外乡镇、外县、外省接壤的林地，在“三榜公示”时既对本乡镇群众公示，工作人员又持榜走到外地进行张贴，听取对方意见，遇到异议后，及时将对方的党政干部和群众代表请到现场，双方人员共同辨明权属，确保了林改工作质量。

五、配套改革六推进

为巩固改革成果，真正实现农民得实惠、产业得发展、生态受保护、集体经济得壮大的目标，我县在做好主体改革的同时，适时跟进配套改革。从财政、人事、编办、税务、工商等部门抽调相关专业人员30人，组建了涉林规费改革、森林资源管理规划、

林业要素市场改革、林业产权确权发（换）证、林权纠纷调解、林业内部管理体制、村级林业协会指导等7个工作组，形成配套改革六推进：

（一）推进采伐指标分配和管理制度的完善。我县制定出台了《锦屏县木材采伐指标管理办法》，按照“指标随着资源走，资源围绕产业配”的原则，将采伐指标分配到各乡镇。再由各乡镇将采伐指标按照过熟林成熟林优先、林改工作完成较快者优先的原则，将采伐指标分配到各村。指标的分配严格实行公示制度，保证了操作的公开、公平、公正。

（二）推进涉林税费征收的规范。通过清理整顿涉林税费项目，向社会公开保留下来的各种林业税种、费目，使林农得实惠，减轻林农负担。

2008年6月作者请进镇远古城青龙洞观音阁的红豆杉雕刻观音
（作者 摄）

2008 年作者考察被称为历史最牛的公章——五瓣章（圭叶村民主理财公章）

（三）推进林业要素市场的建立。要素市场内设一个综合服务窗口、三个中心（林权交易中心、林权抵押中心、森林资源资产评估中心）、各乡镇设立交易所。要素市场于今年10月底挂牌运营。

（四）推进林业内部管理体制改革。围绕“服务、管理、执法”三大职能和“精简机构，提高效率”的原则，深化林业行政事业单位人事制度改革，抓好林业部门的职能转换与现有林业内部职工的重组与分流，科学设置林业局内设机构，重新设置了林业内部管理机构，完成了人员身份摸底调查，并落实了基层执法人员进入财政管理。

（五）推进林地林木流转管理办法的制定。为充分调动广大林农群众投资林业建设的积极性，促进和规范林地、林木转让交易行为，维护各方的合法权益，确保依法采伐和及时更新造林，促进林业发展，我县根据林改配套政策和有关法律、法规，结合我县实际，制定了《林木林地流转管理办法》。

（六）推进林业协会的建立。积极引导各村建立村级林业协会、果业协会等群众性自我服务组织和中介机构，目前全县已达 38 个，比去年同期增加 25 个。从而对于服务林农，帮助林农进入市场，拓展林产品销售渠道，产生了良好作用。

第三部分 成效初显、信心增强

到今年 10 月中旬，锦屏县林改已步入基本收尾阶段，取得阶段性成果。全县这次集体林权制度改革，除抵押权尚未解除、权属有争议的兴绿、兴启两个林场 13.4 万亩林地外，其余 175 万亩集体林地全部纳入了改革范围，共涉及全县 15 个乡镇，189 个行政村，1432 个村民小组，4.4 万户农户。目前，主体改革工作已完成勘

黎平鹅掌楸种质资源收集区（单洪根 摄）

2007 年 10 月 26 日时任副州长的梁承祥同志（中）参加贵州集体林权制度改革试点县锦屏茅坪镇阳溪村林权证发放首发现场会（杨胜屏 摄）

界面积 169.8 万亩，占林改范围的 96.21%，勾绘宗地 13.4 万宗；全县 189 个村与各农户签订责任山承包合同，占应签农户的 100%；189 个村完成第三榜公示，占林改村的 100%；有寨先、阳溪、新化司等三个村已率先发放林权证。配套改革也在有序展开，整体进程均在预期之中，可望在 11 月底全面完成林改。

一、突破三道难题

（一）实现乡村林场经营体制的突破。针对乡村林场种类多，产业形式多样的实际，我县“两步并成一步走”，把先“分山”后“联营”合并成一步，直接走向“联营”。不搞“一分了之”的办法，即不搞分山、分地、分土到户的做法，而是通过均股、均利，为林农明晰产权。全县纳入林改的 175 万亩林地，除均山 53 万亩外，其余 70% 采取均股、均利的办法明晰产权，其中均股 105 万亩，均利 17 万亩。

（二）实现生态公益林明晰产权的思路突破。我县自加压力，先行一步，将集体林地中 55.4 万亩的生态公益林提前主动纳入林改范围，明确了权属，落实了责任主体，避免了因这类“尾巴”而可能引起的权属纠纷后患，又减少了今后另起炉灶产生的大量行政成本。

（三）实现村级森林经营方案的突破。为了使我县林业经营管理得到进一步深化，按照科学、合理、有序的要求经营林业，配合林改试点编制了村级“森林经营方案”。

二、达到五个促进

（一）促进林农发展林业的自觉行动。农民造林育林的积极性普遍提高。通过林改，实现了“山定权，人定心，树定根”的初衷，确立了林农在经营中的主体地位，激发了广大农民造林的积极性，林业产业发展得到了社会各界的广泛支持。据统计，全县今年投入植树造林资金 300 余万元、引入产业发展资金 2800 万元，分别比上年增 15% 和 25%。其中林农自行投入林业产业资金 150 万元、投工 4.3 万个，分别比上年增 32% 和 28%。已有 6000 多名外出务工人员返乡投入林业生产，今年全县创办山核桃、油茶、香橘、红豆杉、楠竹、工业原料林等六大林业产业基地，共达 4 万余亩。茅坪镇 583 户林农，林改中甩掉观望犹疑情绪，以极大热情投入香橘产业发展，扩大种植，强化管理，加大投入，3600 亩香桔长得枝粗果硕，全镇林农今年香桔产业人均增收可达 1200 元，“茅坪香桔”成了畅销省内外的名牌果品。全县林农“把山当田耕，把树当菜种”的林业发展好势头随处可见。值得一提的是，随着群众植树造林热情持续高涨，入秋以后林农涌入乡镇林业站和县林业局要造林指标要项目的络绎不绝，许多林业站已由过去的门可罗雀转变为门庭若市的喜人景象，增强了工作人员的荣誉感和责任感。

加强森林保护成了农民的自觉行动。过去，林权主体不明确，责、权、利不对称。“林不归我，我不爱林；利不连我，我不营林；责不罚我，我不护林”成为普遍现象。林改后，每宗山林归属明确，四至界线清楚，山林成了林农自家的财产。过去几年不到山上看一次，现在几天就要到山上转一圈，“看好自己的山，守好自家的林”已成为农民保护自己切身利益的基本要求。钟灵乡阳艾村的新寨对门坡有 150 亩林地，过去权属不明，每当山火发生时，群众眼望烈火无动于衷，隔“界”观火袖手旁观，今年林改明确此山为 13 家农户所有后，群众面对火情就判若两人了。4 月 19 日中午，因小孩玩火此山着火，13 家农户举家上山奋勇扑火，在县乡人员支援下，很快扑灭了火情。据统计，全县 2006 年共发生山火 7 起，今年 1～10 月仅发生 2 起。

（二）促进了林农增收，村集体经济增强。通过林改，广大农民不仅实现了“务林有其山”的目标，而且做到耕山有责、务林有利、致富有门，从而在政策上、体制上为农民靠山养山，依靠林业增收致富创造了条件，真正为农民送上了开启“绿色宝库”的金钥匙。林改解放了林地，实现了增值，搞活了经营，林农依托森林资源拓宽致富路子，增加了林业收入，真正做到了还利于民。全县林改前人均林业纯收入 294.7 元，占农民人均纯收入的 17.4%；林改后人均林业纯收入 351.5 元，占农民人均纯收入的 20.7%，同比增长 3.3 个百分点，人均增加 56.8 元。

锦屏加池清代山客（木贩）修建的四合院（单洪根 摄）

由于和谐林业的局面日益形成，为投资经营林木产品创造了良好环境，今年以来，福建、江西、浙江、安徽、上海、广东等地已有 120 名客商，涌入锦屏投资经营，拉动了木材

黎平茶叶基地（单洪根 摄）

收购价格上扬，木材价格明显高于周边县的价格。今年我县木材每立方米销售价格450元，比2006年增加100元，促进了林农增收。茅坪镇阳溪村一片面积近200亩的林木，林改前，木材老板仅出价30万元，林改中由于县里规范了林木资源流转和木材市场的管理，出台了《锦屏县木材采伐指标管理办法》，为林产品增值创造了机会，此山林木身价陡涨，已由木商出资50余万元购买，比林改前增值20多万元，销售收入除村集体预留7.5万元用于再造林及村务开支外，其余按全村人均500元直接分配到户，打破了天然林保护林禁伐8年来木材收入为零的局面。尤值一提的是，我县在林改配套改革中，通过税费改革让利于民，如对林农出售林木产品收费项目由原来13项裁减为7项，仅此便为林农减负275万元。

同时，通过均山、均股、均利形式进行村集体山林的改革，明晰了村集体林场的村级股份收益，绝大多数村在尊重群众意愿，保证70%以上的收入分配给造林者的情况下，其余部分留作村级组织用于林业再生产、公益事业及村务开支之用，全县85%的村级组织有了持续稳定的收入来源，确保了村级经费收入，壮大了集体经济，促进了新农村建设。

（三）促进了农村社会和谐稳定。这次林改，化解了大量沉积多年的矛盾纠纷，而且绝大多数都是依靠民间调解机制，由群众本着互让、互利的原则自行协商解决，群众邻里关系明显改善，社会更加和谐稳定。敦寨镇帮寨村的上寨与下寨，曾为163亩的林地纠纷闹了二十余年，寨民关系势同水火，林改中两寨在工作组帮助下，自主协商、互谅互让，最终达成了协议，明晰了产权，修复了关系。全县乱砍滥伐案件大幅下降，从2006年的41起降为今年的11起，下降率达73.2%。

丹寨金钟茶场（单洪根 摄）

（四）促进了农村基层民主政治建设。在林改中，各级林改机构和工作队员，始终坚持依法依规操作，让广

麻江宣威生态蓝莓种植基地①（作者 摄）

大农民真正成为改革主体，在“要不要改”、“改什么”、“怎样改”的问题上，充分尊重群众的意愿，严格按照《村民委员会组织法》、《农村土地承包法》等法定程序“阳光”操作，保证村民的知情权、参与权、表决权和监督权，真正做到了还权于民。同时，借助林改修订了村规民约，完善了村务管理制度，确保村务管理公开、公正、透明，村民自治、民主管理氛围浓厚，推进了农村基层民主政治进程。实践证明，林改是一次全面、深入、生动的民主政治教育过程，是农村社会民主化进程强有力的“推进器”。

（五）促进了干部成长，密切了干群关系。全县干部在这次林改“大练兵”中，由管理向服务转变，政治素质和业务素质均有明显提高，扎实的学风和工作作风赢得了群众的认同，干群关系更加密切。偶里乡寨先村农民吴运军用山歌来表达喜悦的心情：“天是蓝来水是青，林改政策合人心，书记县长亲挂帅，林政干部最辛勤。林改就像挖穷根，各种负担减得轻，配套改革措施好，农民群众喜盈盈。”全州各县抽调来的干部，帮助我县加快林改步伐，参加政策解答、外业宗地勾绘和内业软件操作等试点工作，学到了相关业务知识，学会如何解决实际工作中的困难和问题，基本掌握了一整套比较成熟、规范的工作经验，为下一步全州林改全面铺开培养了人才，锻炼了干部，打下了坚实基础。外业勘界完成之际，锦屏乡村时常出现群众纷纷自发向技术员赠送锦旗，鞭炮欢送的动人场面。

第四部分 回顾过程、体会深刻

我县集体林权制度改革试点工作的主要体会是：

一、抓住三个关键是推进林改整个工作稳步前进的保证。

一是高位推动。县、乡、村成立以主要领导为组长的林改领导小组，形成了三级党政领导抓林改的工作格局。二是群众参

麻江宣威生态蓝莓种植基地②（作者 摄）

与。充分尊重林农在改革中的参与权和表决权，确保决策过程公开、公平、公正，体现绝大多数群众的意愿，最大限度地调动了林农参与改革的积极性，农户参与率达100%。三是经费保障。我县共计投入林改经费800余万元，平均每亩近4元，确保了林改工作的正常运转。

二、搞好四个结合是推进林改工作的有效方法。

一是林改与农村党建、政权建设相结合。全县189个村中，有17个村不同程度存在软、懒、散现象，村级组织后继乏人，成了林改软肋。工作中，我们采取动员优秀青年返乡参选等办法，调整充实了这些村两委领导班子，推动林改由后进向先进转化。二是林改与产业结构调整相结合，使群众因预期收益增添林改热情。今夏，县里通过招商引资，为林区引进山茶油、钩藤、山核桃种植加工项目，协议资金达5500万元，几个项目将惠及31个村5740户林农。三是林改与村民自治相结合。例如，各村在讨论制定林改方案中，本着"民主自治，群众拍板"的原则，由群众因地制宜自行选择方案。全县纳入林改的189个村就有189个村级林改方案，做到了合情合理合法，群众满意，又规范有序。四是林改与干部作风教育整顿相结合。广大干部为林改起早摸黑殚精竭虑地苦干实干，尤其外业环节顶烈日冒酷暑，跋山涉水极其辛劳而毫无怨言，凭借双脚丈量了全县175万亩林改区域，舍小家顾大业和抱病工作的事迹比比皆是，情景十分感人。

三、处理好七大关系是推进林改工作有序进行的基础。一是处理好生态保护和产业发展的关系，锦屏必须加强森林资源保护，着力保护长江中上游生态屏障，同时通过林改建立林业要素市场，建立发达的产业体系，实现富民强县；二是处理好国家、集体、林农三者的关系，严格依照有关法规操作；三是处理好历史与现实的关系，不允许"清原耕继祖业"，尊重历史取信于民，以山林三定为基础，保持政策稳定性连续性；四是处理好统一部署与因地制宜的关系，林改方案不搞"一刀切"，先易后难地推进；五是处理好尊重群众意愿与规范操作的关系，切实做到改革的内容、程序、方法、结果公开，还权于民，公正操作；六是处理好改革与稳定的关系，总体上要按"巩固确认"（确

镇远古城滇黔楚钥之称的祝圣桥上的状元楼（作者 摄）

从江小黄千人侗族大歌（翟向东 摄）

认自留山、稳定责任山)、“完善提高”（完善已流转的林地林木手续，提高其质量)、“继续深化”（采取均山、均股、均利明晰集体山林产权）三种类型来制定林改方案；七是妥善处理重点突破与整体推进的关系，林改工作是一项政策性强、涉及面广、操作难度大、时间要求紧又“季节性”特强的农村社会系统工程，任何一个环节、任何一个区域都不能疏忽。

第五部分　面对困惑、不懈探索

总的来看，我县林改试点工作经过艰苦努力，已经取得一定成绩，也积累了一些成功的经验。但与兄弟试点县相比尚有一定差距，离上级要求也相差尚远，一些不足有待我们去克服，一些环节有待我们去完善，更有一些体制性障碍和政策性障碍，需要我们运用改革创新的气魄和高度的政治智慧去加以研究与探索，有的则需要省州乃至中央从根本上予以支持解决。主要表现在以下几个方面。

从江小黄侗寨门（王敏 摄）

（一）林业产业建设真正要做到更好更快、做大做强，缺乏相应项目支撑和配套资金，同时缺乏资金解决

镇远古城舞阳河上的镇江阁（作者 摄）

渠道和林业产业化龙头企业的带动。

（二）转入财政供养的林业基层执法人员较多，涉林收费如育林基金逐步降低收费标准，还利于林业生产者等问题，县级财政难以独立支撑解决，需要依靠上级财政转移支付。

（三）林业生产要素抵押融资、林木火灾保险，如何推动实施，需要上级从政策层面支持。

（四）林业生产要素的评估机制尚需完善，如有林业专业知识的又没有评估资质，有评估资质的又缺乏林业调查和林业产权评估经验。

（五）作为老林区县和重点林业县，遗留问题较多，包袱较重，要彻底改革改制，还需上级在政策及资金方面予以支持。

（六）应建立林改效益跟踪监测长效机制，以确保“生态受保护、农民得实惠、产业能发展”目标的实现。

集体林权制度改革是一项功在当代，利在千秋，惠及千万农民的事业，意义重大，影响深远。这次林改工作的成功进行，将对我县林业发展产生深远的积极影响。我们有充分的信心，在党的十七大精神指引下，再接再厉，群策群力，继续奋力探索，抓好集体林权制度改革的后续深化工作，使之日臻完善，为创建锦屏林业多赢局面，建设社会主义新农村，推动全县经济社会又好又快发展而不懈努力，促使山更绿，水更清，民更富，县更强的目标早日实现。

注：本文是作者于 2007 年 9 月代表锦屏县人民政府向贵州省集体林权制度改革领导小组作工作汇报并于 2007 年 10 月在贵州省集体林权制度改革培训班上作经验介绍。于 2009 年 9 月在贵州省林业工作会上作集体林权制度改革经验交流发言。

参考文献

[1] 孔密 . 国外林业可持续发展战略研究之借鉴 [J]. 辽宁林业科技, 2007, (5): 49-54.

[2] 中国可持续发展林业战略研究项目组 . 中国可持续发展林业战略研究总论 [M]. 北京: 中国林业出版社, 2002.

[3] 王宗勋 . 文斗 [M]. 贵阳: 贵州人民出版社, 2009.

[4] 贾治邦 . 生态文明建设的基石 [M]. 北京: 中国林业出版社, 2011.

[5] 曾玉林 . 现代林业的基本内涵和特征 [J]. 林业经济, 2007(12): 25-28.

[6] 高瑞馨, 王凤友 . 林业可持续发展指标体系和综合评价研究概述 [J]. 防护林科技, 2005(4): 38-40.

[7] 王懿祥, 周国模, 白尚斌, 等 . 森林可持续发展综合评价的方法系统 [J]. 世界植物研究, 2007, 19(6): 6-10.

[8] 张广智, 李克亮, 宋继善 . 南方集体林区经济论 [M]. 北京: 中国林业出版社, 1992.

[9] 徐秀英, 吴伟光 . 南方集体林地产权制度的历史变迁 [J]. 世界林业研究, 2003, 8(3): 40-43.

[10] 谢利玉等 . 浅论南方集体林区森林可持续经营 [J]. 华东森林经营, 2000(14).

[11] 张建国 . 集体林产权体制改革基本完成后的思索 [J]. 林业经济问题, 2008(03).

[12] 孔凡斌 . 江西省及南方集体林区森林资源比较 [J]. 林业经济问题, 2004(24).

[13] 宋诚英 . 江西省及南方集体林区林业产业比较研究 [J]. 林业经济问题 (双月刊), 2006, 26(5): 406-409.

[14][15][16][17][18][20][21] 刘启仁 . 黔东南州林业志(1988 年—2010 年)[M]. 北京: 中国林业出版社, 2012.

[19] 贾治邦 . 在全国林业厅局长会议上的讲话 [R].2010(01).

[22] 黎平 . 贵州现代林业实现途径研究 [D]. 北京林业大学学报, 2008(12).

[23] 张国红 . 谈集体林权制度改革中应着力研究和把握的几个问题 .State Academy of Forestry Administration Journal.2009(02).

[24] 于德仲 . 赋权与规制: 集体林权制度改革研究 [D]. 北京林业大学学报, 2007(10).

[25] 曹小玉 . 我国森林生态效益补偿机制研究 [D]. 西北农林科技大学学报, 2006(06).

[26] 沈文星 . 森林采伐限额管理制度研究 [J]. 林业资源管理, 2004(06).

[27] 高艳荣 . 振兴东北应重视林业税收制度创新 [J]. 北方经济, 2007(1).

[28] 刘克勇 . 中国林业财政政策研究 [D]. 东北林业大学学报, 2005(03).

[29] 曹薇 . 林业投融资渠道研究 [D]. 东北林业大学学报, 2006(05).

[30] 詹祖仁 . 林权制度改革后新型林业科技服务体系构建的探讨 [J]. 中国林副特产, 2007(10).

[31] 赵巍等 . 加快林业信息化建设的思考与建议 [J]. 河北林业科技, 2009(04).

[32] 贾治邦 . 生态文明建设的基石 [M]. 北京: 中国林业出版社, 2011.

[33] 李明华等 . 试论林业法律制度的生态化 .2004 年中国环境资源法学研讨会, 2004(07).

[34] 范战平 . 论我国林权法律制度的创新 [J]. 商丘师范学院学报, 2008(08).

[35] 陈幼君 . 生态文化的内涵与构建 [J]. 求索, 2007(09).

[36] 单洪根 . 木材时代—清水江林业史话 [M]. 北京: 中国林业出版社, 2007.

[37] 朱孔来 . 对生态文明建设理论和实践问题的思考 [D]. 第十届中国科协年会论文集, 2008(09).

后记

2008～2010年，我在西南大学经济管理学院读农业推广（农村与区域发展）专业硕士研究生。在3年的时间里，我的学识水平得到了进一步提高，我的人生观和价值观也得到了升华，更让我明白了“学海无涯苦作舟”的深刻内涵和做学问的艰辛。

因本人自幼生活在边远山区，长期行走在山清水秀的农村，可以说是大山的儿子。特别是长期在天然林保护林区及重点林业县工作，曾组织并参与了集体林权制度改革和林业生态建设，对林业生态情有独钟，有割舍不弃的情结，长期以来有一个美好的愿望，希望我们的家园山更青、水更绿、天更蓝。因此，在硕士学位论文选题时，便毫不犹豫地选择了“林业可持续发展战略研究（以黔东南为例）”进行思考及探究。2010年12月，硕士论文通过西南大学经济管理学院的答辩评审。论文通过后，一些老师和朋友认为此文略有新意，对贵州黔东南或其他类似地区的林业发展可能会有些借鉴作用，建议我将此文作进一步整理，做成一本小册子。受此鼓励，于是将此文作了些修改，并补充了部分文字内容，还引用了《黔东南州林业志》的部分数据。为了增强其可读性，还在其中插了多幅照片。论文的撰写除了得到西南大学导师王钊教授、肖亚成研究员和王定祥博士的精心指导外，还得到中南林勘院高级工程师熊嘉武同志和武汉大学工程硕士、高级工程师唐立坤先生的指导和帮助。还得到了国家林业局经济研究发展中心主任刘东生研究员的精心指导，并在百忙之中给予本书作序。黔东南州政府原副州长、巡视员单洪根，州人大常委会副主任莫章海以及王敏、王宗勋、高斌等同志为本书提供了一些珍贵的图片。本文在整理校对过程中得到了王宗勋、王琳、李文清等同志的帮助。书稿整理完成后，2012年5月交付中国林业出版社出版。我也深知，由于本人才疏学浅，对林业可持续发展的研究还十分肤浅，属管中窥豹，一家之言，认识还远未到位，难免有偏颇和不足之处，敬请各位专家读者谅解，并不吝赐教。本书的出版，其目的除了将其中我自认为对南方林区林业可持续发展战略有益的观点表述出来供行家指导外，更主要的是抛砖引玉，以引出更多领导和专家对林业可持续发展的高言鸿论，使我从中获得更多的知识和更深层次的理解。

这本小册子的出版发行，除得到上述各位同志的支持和帮助外，还得到了贵州省林业厅金小麒厅长、国家林业局科技发展中心副主任黄发强和中国林业出版社主任刘开运等同志以及黔东南州、县有关领导和州县林业部门有关同志的大力支持与帮助，在此一并表示真诚的感谢！

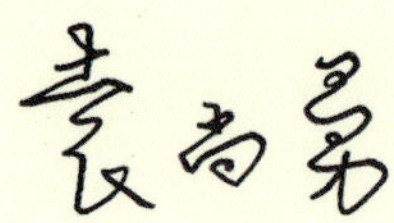

2012年6月18日